SHODENSHA
SHINSHO

日本卓球は中国に打ち勝つ

宮﨑義仁

祥伝社新書

編集協力　若槻軸足

はじめに

この17年間、日本の卓球はジュニア世代の育成に力を注いできた。

私が男子の日本代表監督を引き受けたとき、協会に条件として提示したのが「ジュニア世代の育成への着手」だった。当時の中国には大きく水をあけられていたため、いち早くシステム化された育成に取り組まないと、追いつき、追い越せないと考えていた。

ジュニアの育成は功を奏し、若い才能が次々と出てきた。ようやく「世界2位の卓球強国」というところまで漕ぎつけられたのではないかと思っている。

とはいえ、あれだけの競技人口を誇る大国（中国）を相手にして、世界チャンピオンの座を簡単に奪取できるわけがない。1回勝っても、次の対戦までには研究されてしまう。「ひとりの選手が偶然強かっただけだ」と言われないためにも、育成の歴史を継続し、育成システムを洗練させていかなければならない。私たちが目指しているのは、常勝集団だ。

ここでいうシステムとは同じタイプの選手を育成するためのものではなく、選手の個性をすくい上げ、その個々の特徴を最大限に伸ばすための育成システムである。

将来の日本代表に必要なのは、自分で考えて動ける選手である。

高い知力と自立心を子供のうちから育てることによって、さまざまなタイプ・個性の選手が生まれ、戦術のバリエーションが編み出される。このようなシステムから育成された選手の中から将来の世界チャンピオンが出てくるだろう。

本書は、現在の卓球日本代表事情を卓球を知らない方にもわかるように書いたので、基本的なことも含めて説明している。経験者にはわずらわしいかもしれないが、ご容赦いただきたい。

なお本書の制作は、卓球愛好家である卓球ライターの若槻軸足さんの協力によってやり遂げることができた。感謝申し上げたい。

平成30年9月

宮﨑義仁

日本卓球は中国に打ち勝つ——目次

その1　中国はなぜ一大強国になったか　58

その2　勝てる代表選手をつくる　72

3章 日本代表の技術・戦術革新 99

4章　日本卓球を世界一にするために必要なこと　171

序章　中国への本当の挑戦が始まった

中国トップを倒す若い選手

２０１７年4月、世界の卓球界が震撼(しんかん)した。

卓球王国、中国の無錫(むしゃく)でおこなわれたアジア選手権。世界トップクラスのスター選手がひしめく中、女子シングルスで優勝したのは日本の高校生、17歳になったばかりの平野美宇(ひらのみう)選手である。

平野選手の快進撃はまず準々決勝、中国の世界ランク1位の絶対女王、丁寧(ていねい)選手を接戦の末に３－２の逆転で破る大金星。

続く準決勝では、同じく世界ランキング2位で次の中国のエースと呼び声高い朱雨玲(しゅうれい)選手に、３－０のストレート勝ち。

さらに決勝では、世界ランキング5位、中国の陳夢(ちんむ)選手を３－０のストレート。平野選手の圧力に押されっぱなしの中国選手は、もう試合を続けるのが嫌だといった表情を見せていた。

平野選手のアジア選手権での優勝は、日本代表女子として小山(こやま)ちれ選手（中国から帰化）以来、21年ぶりだった。女子は男子以上に中国の独占が続いており、その21年間、中国選手から優勝を奪ったのは香港の選手ひとりだけである。

平野選手が何よりすばらしかったのは、完全アウェーのなか、地元の大声援をもろともせず、最強のトップ選手たちを次々に撃破したことだろう。丁寧選手はともかく、他の2選手は平野選手に傾いた流れの中に呑み込まれたような印象だった。

平野選手の快進撃の裏側には、彼女の２０１６年のリオオリンピックでの経験がある。２０１６年のリオオリンピックで日本女子は銅メダルを獲得した。福原愛、石川佳純、伊藤美誠の布陣である。

しかし、そこに平野選手の姿はなかった。彼女はリザーブ選手として裏方に徹し、練習相手として代表メンバーを必死に支えた。

心の中では、自分がオリンピックの大舞台に立てない悔しさ、もどかしさを強く感じていたにちがいない。その思いを胸に、数カ月の鍛錬を積み重ね、着実に実力をつけて翌年のアジア選手権で大爆発させたのだ。

無錫での出来事は世界の卓球界を驚かせたが、最も大きな衝撃を受けたのは、言うまでもなく中国だ。翌月に世界選手権が控えるなか、エース選手たちが次々と倒された結果を、軽く受け止めるわけがない。

中国首脳陣は、すぐさま平野選手のコピー選手（戦術や技術をそっくり真似た練習用の選手）を５人つくり、徹底的に「平野対策」を実施した。それほど大きな衝撃だった。

２０１８年６月、今度は男子の成長著しい14歳の張本智和選手が活躍した。福岡県北九州市でおこなわれた荻村杯（ジャパンオープン）の男子シングルスで、中国の世界チャンピオン２人を破って優勝したのだ。

まず準々決勝で、世界選手権２連覇中の馬龍（マーロン）選手を４-２で圧巻の勝利、さらに決勝では中国卓球界が誇るレジェンド、張継科選手を、フルゲームジュースの超激闘の末に下し、初優勝を飾った。

さらに同じ大会で、女子シングルスの伊藤美誠選手がやはり中国の次世代を担う主力の選手たちを次々と破り、優勝した。

14歳の少年と、17歳の少女が、中国人選手を撃破してワールドツアー初のアベック優勝を飾り、日本卓球の新しい時代を世界にアピールする一日となった。

日本卓球を担う若い選手

2018年１月におこなわれた全日本選手権でシングルス優勝した張本智和選手と伊藤美誠選手。その５カ月後、ジャパンオープンでも優勝した。写真・共同通信社

ようやく見えてきた中国の背中

ここまで来ると、お会いする方々から、「日本の若い選手たちは中国相手にすっかり肉迫していますね」、「東京オリンピックのシングルスや団体で金メダルもいよいよ現実味があるんじゃないですか」などと声をかけていただく。

私は「そうありたいものですね」とお答えするものの、内心は「いえ、まだ背中が見えたところです」と言いたいところだ。

中国の背中が見えては遠ざかり、また背中が見えては遠ざかる。これをくりかえしながら、諦(あきら)めずに継続すると、ついに真後ろにピタッとつくことができる。

マラソンの追い抜きシーンを浮かべてもらえればいい。追う側に勢いがないと、すぐ抜き返されるが、勢いを見せると、追われる側が「これはやられるか」と弱気になる。その瞬間を見逃さずにすっと追い抜き、ぐんぐん突き放していく。

相手から「まだ負けていない」、「次が勝負だ」と思われているうちは、本当の勝ちではない。

それを証拠に、平野選手はアジア選手権後、研究を重ねた中国選手になかなか勝つことができないでいる。

もちろん、重要な大会でひとつチャンピオンになるだけでもすばらしいことだが、一大会の優勝者は韓国やドイツなど他国にもいる。そして一度きりの優勝者を排出しても「卓球王国」とは呼ばれない。60年近く、男女ともにチャンピオン国として君臨しているのは中国だ。

私たちが目指しているのは、男女日本選手が世界チャンピオンとなり、本物の卓球王国をつくることだ。

つまり、私たちが考える世界チャンピオンとは、中国のトップ選手と3回戦って必ず2回は勝つ選手であり、主要な国際大会の優勝を中国選手と3回争い、継続して2回はモノにできる選手だということになる。

そして、そういった選手を育成し、何より叶(かな)えたいのが、オリンピックの団体、シングルスで金メダルをとることである。

世界選手権やアジア選手権で勝っていても、オリンピックで負けてしまったら、世間では「悲劇の実力者」で終わってしまう。普段は卓球のことを気にしていない人も見る大会で勝つからこそ、世界中の誰が見ても疑うことのない卓球世界チャンピオンとして認めてもらえる。私たちはその位置を目指している。

日本卓球が中国の背中をとらえたのは確かだ。

中国が日本を挑戦者として認めたのも確かだ。

これまで負け続け、相手の背中も遥か遠く、霞の向こうにあったのが、一矢を報いるまでになった。

中国に徹底的に研究され、高い壁に突き当たった平野選手も、あの勝利がなければ、高い壁に迫ることもできなかった。卓球にかぎらず、高い壁を認識できる選手と、そこに至らない選手の差は大きい。

平野選手に限らず、選手たちが次にやることは、ついに現われた壁を、今度は乗り越えることだ。そのための方法を試行錯誤して自分の力で見つけ出すことである。高い壁に跳ね返された経験を謙虚に受け止め、「大きなチャンスに変えられるはずだ」と信じるべきだろう。

不動の卓球王国中国に打ち勝つ、本当の戦いはこれからだ。

1章　こんなにすごい卓球という競技

その1　いちばん身近なスポーツ

世界一の加盟国数

卓球はひと昔前まで、注目度の低いスポーツであった。

「卓球？　旅館に置いてあるよね」

「卓球部は少し地味。運動系の部活の中ではおとなしい子が入るというイメージ」

しかし、近年の日本代表選手の目覚ましい活躍で、がらりとイメージが変わった。福原愛選手に続いて、石川佳純選手などの「アイドル的選手」が出始めてから、徐々にテレビニュースなどでの露出が増えていった。テレビ東京が世界選手権の放映権を得てからは、卓球の試合をお茶の間で目にする機会が急激に多くなった。

とはいえ、つい数年前までは女子選手の放送が多く、男子の試合はあまり目にすることがなかった。

それを一変させたのが、リオオリンピックの男子シングルスで、銅メダルを獲得した水谷隼（みずたにじゅん）選手である。水谷選手の台から下がってコートを大きく使うダイナミックなプレーが放映されると、ネット上で広まり、「卓球すごい！」というイメージがついてきた。

もちろん、卓球のおもしろさは他にもたくさんある。とくに現代卓球の発展は目覚ましく、そのことをお伝えする目的で書いたのが本書である。

さて、卓球は世界中で愛される、もっともポピュラーなスポーツのひとつである。国際卓球連盟（ITTF International Table Tennis Federation）に加盟している国と地域は、2018年7月現在で226団体に及ぶ。意外に思われるかもしれないが、卓球の加盟団体数は全スポーツの中で最多である。

ちなみにバレーボールが卓球とほぼ同じくらいの加盟数で220。人気のサッカーでさえ211。

日本における国民スポーツといえば野球、柔道、相撲などを思い浮かべるが、このうち野球の加盟国数は124。柔道は199。日本代表が健闘しているスポーツとして、体操は119、水泳は208、バトミントンが182。

加盟国数だけでスポーツの人気を測れるわけではないが、いかに全世界中で卓球が愛されているかの指標にはなると思う。

日本国内に目を向けると、卓球協会への登録者は2018年の段階で35万人にもなる。この35万人はゼッケンを付けて各地の大会に参加している人の数だが、そのレベルまでいかなくても、趣味としてプレーをしている人の数を含めると800万人から1000万人といわれている。

卓球台さえあれば、何歳になっても手軽にできる

なぜこんなにも卓球の競技人口が多いのか。私が考える理由を挙げてみたい。

まず卓球の試合は、ひとりの対戦相手、ひとつの卓球台があればできる。競技に要するスペースも、球技の中で最小ではないか。

そして、試合参加人数を同じ球技で比較した場合、バスケットボールだと両チームで10人いないとできない。バレーボールなら12人。野球は18人。サッカーは22人も必要だ。

もっともこれも最低限の試合参加人数で、競技によっては控えの選手や審判なしでは、成り立たないだろう。

この「人を揃える」には大きな労力が必要であり、手軽にやれない最大の理由となっている。学生の部活動を卒業してから競技を続けたくても、なかなか必要な人数が揃わず、練習や試合ができない。そういった問題は必ず出てくる。

人数の問題を解決するために、バスケットボールなら３ｏｎ３（スリーオンスリー）で６人、バレーボールの代わりにビーチバレーなら４人、サッカーもフットサルなら10人でいい。社会人の間で３ｏｎ３、ビーチバレーやフットサルがはやっているのは、より手軽だからだろう。

卓球に必要な人数は、たったの２人。参加人数が少ないことが大きな利点になる。

近年は、日本の夏は猛暑が多く、屋外で長時間スポーツを楽しむことが困難である。

また、世界では日本よりも暑い国々や冬には零下が続く寒冷国がある。卓球は室内競技なので、外は雪が積もろうと、大雨が降ろうと、炎天下であろうと、快適に競技できる。これもたいへん重要なポイントだ。

これも手軽さに通じるものだが、卓球は3歳から90歳代までが広く参加できるスポーツだ。福原愛選手がはじめてラケットを握ったのも3歳だった。

全日本選手権でも、最初は小学生の部でひとまとめにされていたが、徐々に細分化され、いまでは小学校6年生以下の「ホープス」、4年生以下の「カブ」、2年生以下の「バンビ」に分かれている。

福原選手は6歳のときに「バンビ」で初優勝し、小学校1年生と2年生でも優勝、そ小学校3年生と4年生で「カブ」優勝、小学校5年生と6年生で「ホープス」優勝と合わせて7連覇した。

他にも、男子では岸川聖也選手、水谷隼選手、松平健太選手、吉村真晴選手、丹羽孝希選手、村松雄斗選手、張本智和選手などが、女子では石川佳純選手、加藤美優選手、平野美宇選手、伊藤美誠選手などが、これら少年3部門の優勝経験者である。

一方、年長者の全日本選手権は「マスターズ」と呼び、30歳以上、40歳以上、50歳以上、60歳以上、65歳以上、70歳以上、75歳以上、80歳以上、85歳以上に分類されている。さらに東京卓球選手権大会ではナインティ（90歳代の部）まである。

もはや出場するだけでレジェンドの称号を与えたい気持ちになる。

競技大会は年齢によって区切られているが、少年と成年、20歳と高齢者が対戦しても緊張感のある内容を得られるのが、卓球の醍醐味である。

トップ選手でも、日ごろハイピッチ勝負、スピード勝負に慣れているため、ゆるいペースに惑わされて思わぬ苦戦をすることがある。技術よりも勝負勘や戦術に重きのある卓球だからこそ起こりうる現象だ。

さらに、卓球は命を脅かす危険性や大きなケガを負う可能性の少ない競技である。

個人的には、これはいちばん重要なポイントでないかと思う。ネットを挟んでおこなうスポーツであることから相手選手との接触もない。また、卓球のボールは小さく軽いことからボールが当たってケガをすることもない。

プレー領域が狭いのも特徴である。公式の卓球では、横幅7メートル以上、縦幅14メートル以上の空間を確保し、その中央に卓球台を置くと定められている。他の球技にくらべたら、ずっと狭い。トップ選手でなければこの半分のスペースでも十分に楽しめる。

こういったことから、「スポーツによって健全な精神と身体を鍛えたい」、「安全にスポーツをしたい」という人たちにとって卓球はすぐれているだろう。

その2　温泉卓球と卓球競技

競技としての卓球に必須な7つの要素

気軽にできるスポーツということもあって、卓球は単純なスポーツと見られがちだ。

いわゆる温泉卓球は、山なりの球が飛んできたら、そこにラケットを正面に合わせ、ただ打ち返すという非常にシンプルなものだ。「ぴーん、ぽーん」の動きである。運動能力の高い人が慣れてくると、少しはスピードを出せる。あるいはネットぎりぎりのところにサービスを落として、相手を出し抜く。

おそらく競技経験のない人は、競技としての卓球は、「スピードが極端に速くて、コースを巧みに突く」と考えるだろう。

しかし、卓球競技となるとスピードやコースだけでなくこれから挙げる7つの要素を組み合わせながら巧みにボールをあやつり、勝負を挑む。

●スピード……速球と遅球の組み合わせ

仮にスピード勝負を極限まで挑んだところで、棒球を素直に打ち込むだけでは、すぐに目が慣れて対応されてしまう。スピード勝負の場合は、「速い」と同じくらい、「遅い」が重要なのである。野球のピッチングにおける緩急を浮かべてもらうとよい。

●深さ……台のネットぎりぎりのところに落とすか、台の奥いっぱい（エンドライン）を突くか

台の前後の変化である。ネットぎりぎりに落ちる打球や、台のぎりぎりいっぱいにバウンドする打球である。これもワンパターンにならず、前後の変化をつけることにより効果的な打球となる。

●コース……相手のフォアとバック、ミドルに打ち分ける

たとえば右利きの選手から見て、腕を伸ばせるサイド（右）が「フォア」、それとは逆に腕をたたんで打つサイド（左）が「バック」である。台の中央、縦に白線が引かれているが、これがフォア側とバック側の境の目安となる。

左右のコースをうまく打ち分けることで相手の不意を打つ打球となる。

また、相手の利き腕の付け根の部分、ちょうどフォア側かバック側のどちらで打つ

か悩むような位置を「ミドル」という。

●打球の高低……原則として、できるだけ低い打球を打つ

●打球点の高低……原則として、できるだけ球の跳ね上がりの低い打球点で打つ

前後と左右があるなら、上下がある。この上下の空間をうまく使えてはじめて、スペース全体を立体的に攻めたことになる。

ひとつは打球それじたいの高低だ。とくにネットの上ぎりぎりを越えてくる球は対応しづらいから、なるべく低く打つことがセオリーとなる。

もうひとつの高低は、打球点の高低、つまり打つタイミングだ。これも、バウンドしてすぐの低い位置で打つほうが、相手に対応の余裕を与えない。

以上の5つの要素に、回転の量と種類を合わせて7つの要素となる。

●回転量……回転がたくさんかかっているか、ほとんどかかっていないか

●回転の種類……上回転、下回転、横回転などで球の軌道を変える

競技としての卓球選手がすごいのは、打った球が返ってくるまでのおよそ0・4秒の間に、この7つの要素をこなしていることだ。どう打ち返すか、瞬時に考え、判断し、身体に指令を与えなければならない。

このようにトップ選手の勝負では、ネットぎりぎりの厳しい勝負を挑んでいる。たまにネットに引っかかった球が敵陣に落ちて得点することがあるが、これを「ネットイン」という。また、台のぎりぎりを狙った結果台の角に当たり、思わぬ方向にバウンドして得点することを「エッジボール」という。

いずれも、意図して狙った得点ではないため、得点した選手が相手に軽く手を挙げ会釈(えしゃく)するのがグッドマナーとされている。

一流選手の打球の回転量は、温泉卓球の20倍以上

温泉卓球のレベルで、球の回転について意識することはないだろう。厳密には卓球

台にバウンドする瞬間に回転がかかるのだが、それが未経験者の場合、1秒間におおよそ3～4回転といったところだ。

しかし、競技としての卓球では、1秒間に80～90回転かかっている。トップ選手となれば100回転以上、馬龍選手は最高180回転ともいわれている。未熟な人なら、この球を相手の台に打ち返すことさえできない。

俗に「球が重い」という表現をする。もちろん、球それ自体の重量は同じなので、「球が重い」というのは、スピードがあり、なおかつ回転もよくかかっている打球を指す。

一方、ジュニアで体格の小さい選手は、スピードがあっても、回転がかかっていないことで「軽い球」になるケースが多い。球の回転量によって打球する側の受ける感覚に違いが生じる。

普段、成人同士で練習している選手が、急に中高生と試合をすると、球の「軽さ」(回転量の少なさ)に苦戦することがしばしばある。それとは逆に、若い選手が体格のある大人とプレーしたとき、しっかり読んで対応しているつもりでも、予想以上の

「重さ」（回転量の多さ）ゆえ、思わずラケットをはじかれてしまう。

さらに回転の量だけでなく、回転の種類もある。いわば変化球だ。この変化球はサービス時に最も変化をつけさせることができる。

卓球のいかなるラリーも、一方のサービスから始まる。自分が思うままの攻撃ができる唯一の機会だ。

いちばん一般的なのは、下回転の変化、「バックスピン」だろう。強い返球をしにくい回転とされ、普通に打ち返すとネットにかかってしまう。

そうならないため、回転に逆らわずに返す技術が「ツッツキ」だ。その中でも、とくに相手コートのネットぎりぎりに短く返す技術を「ストップ」と呼ぶ。

この「バックスピンのサービス」→「レシーバーがツッツキ（あるいはストップ）」という組み合わせが、もっともシンプルで、よく見られるラリーの始まり方である。

下回転があるのであれば、上回転（トップスピン）や横回転（サイドスピン）もある。

サイドスピンのサービスは、球のどの位置に当てるか、ラケットをどう動かすかによって、右回転と左回転とに打ち分けられる。左右の回転で打球の軌道を左右に曲げられるだけでなく、相手の返球のコースを制限することもできる。

あるいは、まったく回転をかけない方法がある。いわゆる無回転（ナックル）だ。野球におけるナックルボールはとても難度の高い、一部の投手だけがあつかう技術とされているが、卓球の場合は回転をかけることのほうが難しいため、回転をかけないことは、そこまで難易度が高くない。

こういった上下左右の回転を選択して、あるいはそれに回転量の大小を組み合わせて、選手各自がそれぞれに個性的な打球をくり出し、得点する。しかし、どんな複雑な変化も相手に完全に読まれてしまっては、容易に打ち返されてしまう。

サービスが出て、その回転にうまく対応したレシーブが返ると、いよいよラリーが始まる。ただし、何往復ものラリーの応酬（おうしゅう）が続くのは、ひとつのゲームの中に数回しかないが、見ごたえがある。

現代卓球でもっともポピュラーな攻撃手法である「ドライブ」は、球を強く擦（こす）り上げて上回転（トップスピン）をかける技術で、台にバウンドした瞬間にグンと伸びる球筋となる。

このドライブとよく混同されるのが「スマッシュ」である。スマッシュというのは、球を擦らずにパチンとはたく打法によって、無回転でスピードのある打球を得る技術のこと。両者は回転の種類も打ち方もまったく異なるものなので、試合中継の実況を聞きながら違いを楽しんでいただきたい。

一流の技術とは、相手を読み、相手の裏をかく技術

卓球選手なら、誰でも7つの要素を実践している。これは基本技術である。自分が求める水準、ライバルに対応できる水準に達するまで練習することで向上することができる。

しかし、いざ勝負となると、技術だけでは勝てない。メンタルなどプラスアルファの部分が必要になるわけだが、実はプラスアルファの部分のほうが技術よりも大きくモノをいう時もある。この「プラスアルファの部分」がひときわすぐれている選手のほうが、頂点に立つ可能性が高いと考えてもよい。

読み合い、裏のかき合いの妙がスポーツの醍醐味であるとするなら、その最たるも

のが卓球だ。一般的に卓球は反射神経がすべてと考えられているが、決してそうではない。

陸上や水泳はピストルの音に反応してスタートを切らなければならないため、訓練された人間が脳の指令に反応する0・1秒にいかに近づけるか、その反射能力を鍛える必要がある。

しかし、卓球にはフライングはない。

卓球の返球には、0・2秒を要しないことが多々あることを考えると、相手のラケットに球が当たるより前に予測をして動く必要がある。

すると相手選手はどうするかといえば、予測できないような工夫をするだろう。

さまざまな回転をかけるという話をしたが、いろんな技術的要素を含めながら、「相手に対してどんな回転をかけたかをわからないようにする」ことが自分の得点につながる。

つまり、上回転に見せかけて下回転のサービス、左回転に見せかけて右回転のサービス、回転をかけたと見せかけてかけていない、ゆっくりのショートサービスと見せかけて速いロングサービス、などなど。

水谷選手の得意技に「ナックルドライブ」があるが、これはドライブで強く回転をかけたと見せかけて、実はかけていないという技術だ。

また、球を打ったあとで、わざとまぎらわしくするためにラケットを動かす「フェイクモーション」というのもある。

回転、コース、深さ、スピードの変化だけでなく、とにかく身体の向き、表情、足音など、あらゆる要素を駆使して相手の予測を外していく。

ここまで見てくると、卓球の打法と野球のピッチングには共通点が多いことに気づいた方も多いと思う。

野球のピッチングにおいても、球のスピード、回転量、回転の種類(変化球)、コース(コーナー)を駆使している。さらに、球の出どころをわかりにくくする工夫、どの球を投げるかをわかりにくくする工夫も、投手の必須技術である。

対する打者の側は、投手がどういった球を投げてくるかを予測し、それに応じた打法を選択する。飛んでくる球を見てから起動したのでは遅い。

投手と打者が読み合い、裏のかき合いをする点も卓球と同じである。

しかし、卓球と野球のいちばん大きな違いは、野球の打者は来た球をヒットゾーンに打ち返せばよいのであって、その球がふたたび自分に返ってくることを考えなくてよいことだろう。投手もいったん投げたら、次は守備の用意をすればいい。

卓球の場合、球を打つ時点で相手の返球を考えなくてはならない。二手先、三手先を読む必要がある。そのため、頭の中でさまざまな可能性、選択肢をめぐらせ、フル回転している。

一に記録、二に研究・分析

相手がどのような球を打ってくるかを判断するタイミングは、打ち始めてからではもう遅い。具体的には、相手が打つ前のラケットの角度、肩の位置、立ち位置などを見て、瞬時に予測する。

それには相手のやり方やクセも熟知していなくてはならない。以前のプレーのパターンに照らして推測するのである。いちばん基本的な手段は、過去に対戦したときの記憶を呼び覚ますことだ。

「競ったときには必ずクロスのコースにしか打ってこなかった。だから次もクロスに来るだろう」

ただし、これでもまだ万全ではない。トップ選手であれば、その裏をかいてくる可能性もある。

中国のトップ選手になれば、知っているつもりが命取りになることもある。ひとつの試合の中での伏線(ふくせん)だけでなく、数試合の中で伏線を張ってくる。ワールドツアーでの戦い方とオリンピックや世界選手権の舞台での戦い方が、まったく別パターンを見せることはよくあることである。

自分との対戦経験だけでなく、他の選手との試合の映像まで、相手の情報を事前にできるかぎり多く仕入れ、その技術だけでなく、思考パターンや好み、身体の動きのクセなどを読み取って記録し、十分に研究・分析し尽くしておく必要がある。

「一に記録、二に研究・分析」とは、そういうことなのである。

その上で「相手がAで来たらBを出そう」、「このタイミングでCと見せかけてDを選択しよう」と用意しておく。これが戦術というものだろう。

技術の鍛錬（たんれん）は本来、戦術に基づいておこなわれるべきものである。戦術があってはじめて技術も活きてくる。頭を使わず、ただやみくもにラケットを振っているだけでは、ここぞという試合で勝てる選手にはならない。

卓球の国際試合では、まったく知らない強敵と戦うことは、ほとんどない。たいていの選手と二度や三度は対戦しているし、対戦実績がなくてもデータは手に入れられる。

だから、誰にでも通用する絶対的な技術を身につけるというよりは、次の試合の相手に勝つ方法を探し出すことだ。

中国のトップ選手の試合映像はたくさんある。もちろん映像を研究してもなかなか勝てないのだが、研究・分析を徹底的におこなうことが重要である。

日本代表選手は、中国に研究され、対策されて、ようやくライバルとして認められたことになる。以前は明らかな実力差だったのが、この2、3年のうちにそうではなくなった。平野選手のように中国が強敵と認めた相手は研究・分析される。いずれにせよ「一に記録、二に研究・分析」をおこない、戦術を磨くことが勝利につながるのである。

一流選手なのにホームランや空振りをする？

最高水準の戦いだからこそ、それにともなうミスが起こってくる。

「レシーブがホームランになったり、空振りしたりするのはなぜだろう？」

そのような疑問を耳にする。

ミスにはいろいろある。

ネットにかかって相手コートに入らない「ネットミス」、台を越えてしまう「オーバーミス」、台よりも横方向にそれてしまうミス。

これらはラケットの面に当たっても、その角度の選択を誤れば起こりうるが、ホームラン（大きなオーバーミス）になるのは、ラケットの角に当たっている場合が多い。

空振りは、球の表面を擦って回転をかけようとするときに起こる。

例えば、伊藤美誠選手の「みまチキータ」は、打球時のラケットの面と球の接点が極端に小さい。この魔球は、球がほとんど触れるかどうかという繊細な打点によって生み出される。触れるかどうかの打点を狙うのだから、数ミリでもズレれば空振りだ。素直に打ち返していれば起こりえない〝ミス〟が起こる。

温泉卓球のホームランや空振りは技術不足によるものがほとんどだが、トップ選手同士の試合で起こるものは、気がゆるんでいるわけでも、凡ミスでもない。高度な技術、ぎりぎりの挑戦をおこなっているからこそ起こる。

卓球はすでに述べたように7つの要素が複雑に絡み合って、とくにトップ選手の試合では各要素で最高難度の選択がおこなわれている。打球の回転の質、バリエーションの幅のレベルが違う。

相手の打球の回転を読み、「右方向にこれくらい曲がってくるだろうな」といった予測を立てて、それに応じた足の動き、ラケットの角度を調整し、打法を瞬時に使いわけていくのだが、予測がはずれたら、どうにもならない。

「予測したよりも球が曲がった（曲がらなかった）」
「予測したよりも球が深かった（浅かった）」
「予測したよりもバウンド時に球が沈んだ（跳ねた）」

などなど。

トップ選手同士の試合では、互いの読み合い、裏のかき合いが極限のレベルでおこなわれているのだから、読み違える可能性も、こちらが裏をかかれる可能性も格段に多くなる。

それでも試合が成立するのは、双方の技術、読みの力、判断力が高いからだ。これがもしトップ選手とアマチュア初心者の対戦なら、初心者はトップ選手のサービスを一球も返せずに試合が終わってしまうだろう。

日本代表選手の活躍を期に、新たに観戦するみなさんには、単純に見える打ち合いの中に高度な技術が散りばめられる場面を感じ取ってもらえれば本望である。

その3　技術10：戦術30：メンタル60

勝負の決め手は、戦術の引き出しの数

卓球には5ゲーム制と7ゲーム制の2種類の形式がある。ただし、7ゲーム制はトップレベルの競技大会や国際大会などで用いられるものなので、卓球競技者の9割以上はほとんど経験する機会がないだろう。

よく目にする5ゲーム制は、最小3ゲーム（3-0）、最大5ゲーム（3-2）を戦い、3ゲーム先取で勝ちとなる。

一方の7ゲーム制は、最小4ゲーム（4-0）、最大7ゲーム（4-3）を戦い、4ゲーム先取で勝ちとなる。

オリンピックを例に挙げると、男女それぞれ、個人戦（シングルスとダブルス）と団体戦があるが、個人戦では7ゲーム制を採用している（団体戦は5ゲーム制）。

5ゲーム制でも、7ゲーム制でも、もっとも大切なのは最初のゲームである。「第1ゲームを取った側が勝利する確率は約7割」といわれているから、とくに挑戦する側の選手は最初からギアをトップに持っていき、全力で第1ゲームを取りにいかねばならない。

視聴者の方から、「5ゲームでもたいへんなのに、7ゲーム制はよく体力が持ちますね」と感心されることがある。また、「5ゲーム制と7ゲーム制、どちらが難しいですか」という質問も受ける。

卓球というスポーツはプレー領域が狭いので、さほど運動量は多くない。よって終盤の体力勝負というものはない。大切なのは、肉体的な体力ではなく、頭の体力だ。

試合中に互いが駆け引きしながら、さまざまな戦術をくり出していくのだが、試合を進めるうちに「相手がどう出たか、どう対応したか」のデータが頭に蓄積されていき、それと事前に頭に入れたデータを照合して次の一手を打つ。
身体を動かすと同時に、頭もフル回転させなくてはならない。
卓球というスポーツを荻村伊智朗さんは次のように表現された。

「100メートル走をやりながら、チェスをやるようなもの」

ハードな試合では、思考のフル回転状態が続くことで、余裕がなくなる。すると、身体よりも先に脳の疲労が起こり、思考がストップしてしまう。

そうならないために試合中の判断を支えるのが、戦術の引き出しである。つまり、試合に臨むに当たってどれだけの技術、考え方、対応策、創造性を持っているかということだ。

序盤は調子がよかったのに、途中から形勢逆転され、結局負けてしまうのは、多くは戦術の引き出しが少ないことによる。いわゆる〝ネタ切れ〟という状態だ。

「あれも試した、これも試した。全部対応された。もう出すサービスがない……、どうしよう！」

中国の老獪な選手は、最初は相手の好きなようにやらせておいて、徐々に自分のペースに持ち込むのがうまい。ひとり相撲を取らされ、自滅していく。気づいたときには負けていたという展開が多い。

また一度、「もうダメだ」と思ってしまうと、なかなか脳の奥底にあるはずの引き出しを開くことができなくなる。

こうならないためには、事前の準備をしっかりやっておくしかない。「これだけ戦術を用意しておけば大丈夫」という域に達していれば、確固とした自信になる。不利な状況でも、「まだ、あのサービスがあるな」、「次はあれを試そう」と、前向きな姿勢を失わずにいられる。この自信が、堂々とした振舞いとなり、相手の動揺を誘うことができる。

少し行きづまったと感じたら、ひと呼吸、間を置くことが有効だ。数秒の間によって頭の中は整理され、開かなかった引き出しがスッと開くこともある。これで復活して逆転したという例をたくさん見ている。

「5ゲーム制と7ゲーム制、どちらが難しいか」という質問に対しては、より多くの引き出しを持っていなければ、強豪選手を相手に7ゲーム制を戦うのは難しいといえるかもしれない。

サービスひとつ取ってみても、トスで投げ上げる高さを一球一球、微妙に変え、打球の回転も微妙に変えている。サービスを出す位置を少し変えることで、バリエーションはさらに増える。

たとえば、回転の種類が下回転、右横回転、左横回転の3種類とする。そして、トスを投げる高さがロートス、ミドルトス、ハイトスと3種類とする。さらにサービスを出す位置を相手のバック側、ミドル、フォア側と3種類とする。これらを組み合わせれば、3×3×3と27種類のサービスになる。

実際にはサービスの種類はもっとたくさんあるし、サービスを出した後のレシーブを打ち返す3球目、あるいは5球目の攻撃パターンに関連して、非常に細かく複雑な戦術が考えられる。

こういったことは、どの選手もやっているのだが、日本のトップ選手の中で特に水谷選手は、個々の技術を戦術にうまく組み入れる能力が高い。

しかし、有効な技術だからといって頻繁に使うと相手選手が慣れてしまい、大事な場面でポイントを取ることができなくなる。よって特に有効だと感じた技に関しては、確実に得点しなければならない場面に取っておく。

つまり、「投げ上げのYGサーブ（逆横回転のフォア）が確実に効く」とわかったら、一切それを使わずに取っておく。その先は別のサービスで組み立てていき、最後の最後、「ここぞ」という場面で、投げ上げのYGサーブを出す。

「この1本を出せば絶対に決められる」というものを持っていれば、自信に満ちあふれた試合運びができるようになり、結局、その必殺技を一度も使う必要もないほど余裕を持った試合をすることも多い。

女子選手でいえば、伊藤選手の技術は、本当に器用で多彩だ。

ドライブもできる。スマッシュもできる。バックで流すこともできる。はじくこともできる。みまチキータ、逆チキータ、そして、みまパンチと、彼女ならではの特技も持っている。

これらの技術はまだ単体で効果を発揮しているにとどまるが、これらをさまざまに組み合わせ戦術としていけば、彼女は世界チャンピオンになれるだろう。現時点で戦術に結びつく寸前まで来ている。

土壇場（どたんば）で勝負を決めるメンタルの強さ

技術や戦術のレベルがある程度近い選手どうしが試合をしたとき、その勝敗をわけるのはメンタルだ。そして、このメンタルが代表選手にとって、もっとも重要な資質だと思っている。

私が考えるメンタルの重要性を数字で表わすと、次のようになる。

試合で勝つために必要なもの
・技術……………10パーセント

・戦術…………30パーセント
・メンタル……60パーセント

メンタルの強さとひとくちにいっても、その実体は把握しづらい。昔の体育会的発想でいうところの「根性論」とは、また少し違う。ただやみくもに頑張ることでもないからだ。あくまでも技術と戦術に裏打ちされたメンタルである。

確かにいえるのは、たとえ技術と戦術が完全でもメンタルが崩れてしまったら勝てない——ということだろう。

卓球は心理戦である。卓球台を挟んでたった2メートル向こうには対戦相手がいる。

格闘技ほどではないにせよ、他のラケットスポーツとくらべた場合、これほど近距離で対峙(たいじ)させられる競技はない。プレー中はずっと、相手の表情、興奮度、息づかい、すべてが見える。それはもちろん、相手から見ても同じこと。互いがつぶさに感じ取れる。少しでも弱気な表情を見せることで、その一瞬の隙(すき)を突かれる。

わずか直径40ミリ、重さ2・7グラムの球は、細かいメンタルの揺らぎにも影響される。タイミングの遅れにも影響しやすい、とても繊細なスポーツだ。

また、「よい打球」をしようとすればするほど、ミスになりやすい。

「よい打球」とは、

・球速がある
・回転が多くかかっている
・台のぎりぎりのコースに着地する
・打球点（自分側のコートにバウンドしてから打球するまでのタイミング）が早い

インターハイ、全日本選手権、世界選手権、さらにオリンピックと、大舞台になればなるほど選手は緊張するものだが、それがとくに試合の終盤、9-9の場面などになると、その緊張はより大きくなり、「よい打球」をしようとする反面「1点のミス」を恐れ、つい安全策を取ってしまう。いわゆる「入れにいく」打球になる。

入れにいった球は甘いので、相手に絶好の攻撃のチャンスを与える。

終始一貫して平常心を保ち、強気な姿勢で挑めるかが、勝敗のカギとなる。

そうはいっても、やはり人間なので、誰しも試合の中で心理的な浮き沈みは出てくる。序盤は強気で攻めることができても、ミスを重ねることで神経質になって弱気の虫が出てくる。そこをつけ込まれ、リードを許してしまうのだ。

ところが、もう負けたも同然と開き直って、強気の攻めに転じると得点できるようになる。今度は相手が弱気になる。試合の流れが変わり、そのまま逆転勝ちということが実際によくある。

このような形勢の逆転は、シーソーのように試合の中で何回も起こる。

相手のミスを誘ったり誘われたりする試合展開で、最終的に自分の流れに乗り相手より先に11点取れば勝つのである。

勝負どころでいかに心理的な切りかえを素早くできるかが重要だ。ミスを突かれはじめたり、相手のスーパープレーが出るなどして相手の流れになってきたと判断したら、少し間を取って場を落ち着かせる。

相手の勢いに水を差すことも重要な戦術だ。

実例をひとつ挙げておこう。

２００９年、横浜でおこなわれた世界選手権のダブルスで、日本の水谷・岸川ペアは、シンガポールのペアとベスト４をかけて対戦した。私は男子代表監督として大会に臨んだ。試合の終盤、審判のミスジャッジによって試合が止まった。

水谷選手の打球がエッジぎりぎりに入った（エッジボール）と思われたが、審判は「サイド」（台上ではなく、側面に当たること）でアウトの判定。エッジボールであれば８－８と追いついていたところが、７－９と終盤でのリードを許す展開になってしまう。

日本ペアは一貫してエッジボールを訴え、何度も何度も会場のスクリーンでリプレー映像を流させた。映像を見れば、日本ペアの得点であることは誰の目にも明らかだった。しかし、審判は判定を変えない。相手ペアもくつがえってはたいへんだとばかりに、サイドで自分たちの得点だという主張を続ける。

実は抗議をしている最中（さなか）も、私は「判定がくつがえることはないな」と思っていた。しかし、それをわかっていながらも、こういうケースには「くりかえし抗議しよう」という取り決めを選手たちと事前にしていた。

くりかえされる抗議によって試合が長時間中断される。それにより、自分たちの心を落ち着かせられたとともに、相手選手のメンタルはどんどん追い込まれていった。

なぜなら、彼らはウソをついていたからである。ウソをついているほうが精神的に追い込まれていく。代表チームの研修では、そういった心理学的見地にもとづいて、あらゆるケーススタディをおこなっていた。

私の予想どおり判定がくつがえることはなかったが、日本ペアは誤審を引きずることはなかった。

試合再開のとき、水谷選手は岸川選手に声をかけた。

「5-9からここ(7-9)まで追い上げたと思おう」

大舞台でこの発想の転換をできるメンタルがすばらしい。水谷・岸川ペアは、誤審

苦境を跳ね返すメンタル

2009年、横浜でおこなわれた世界選手権の男子ダブルスで逆転勝利し、歓喜の抱擁をする水谷選手と岸川選手。写真・共同通信社

という大きなトラブルから受けた苦境を跳ね返し、このゲームに勝利。1997年大会以来、12年ぶりとなるメダルを日本にもたらしたのである。

2章　中国が怖(おそ)れるのは日本だ

その1　中国はなぜ一大強国になったか

強化に立ち遅れた日本

私が日本代表選手であった頃も、中国は世界トップの強国であった。しかし、他国との力の差は、まだそれほど大きくなかったように思う。

私は1986年アジア大会の団体戦に出場している（他の2人は小野誠治さんと斎藤清さん）。アジア大会は4年ごとにおこなわれ、そのときの開催地はソウルだった。地元の利もあって、男子シングルスと男子団体、女子団体の3種目で韓国が金メダルを取った。

当時の団体戦の試合形式は今とは大幅に違った。3人対3人でおこなうところまでは今と同じだが、総当たり戦だったので3×3の9シングルスをおこなわねばならない。5勝先取したほうが勝ちというルールで、今思えばとてつもない長丁場を戦っていた。

そのアジア大会で日本は準決勝で中国と対戦、日本が4勝目を先に取ったが、逆転され、負けてしまった。勝利にあと一歩まで迫っていたかと思うと、本当に悔しい試合だった。

ところが、日本に勝った中国は、地元の韓国に負けた。

それから2年後の1988年、卓球が五輪種目に加えられたソウルオリンピックで、韓国は再度、地元の利を活かし、男子シングルスで金と銀、女子ダブルスで金を取った。

いや、地元の利を活かしたという分析は適切ではないかもしれない。男子シングルスで韓国は金と銀を取ったが、銅メダルはスウェーデンの選手だったからだ。

また、男子ダブルスの銀と女子ダブルスの銀はユーゴスラビアのペアだった。

この結果が何を意味しているかというと、中国や韓国以外の国々も、オリンピックに向けて着実に強化をしていたということだろう。

日本だけが取り残されてしまっていたのである。

前にも述べたとおり、オリンピックでの1勝はただの1勝ではない。その選手の運命だけでなく、その競技に関わるすべての選手、指導者、メーカー、スポンサーなどに大きな影響を与える。

何より大きいのは、明日の日本卓球を担う子供たちが、「私も卓球選手になってオリンピックで活躍したい」と夢を持つことだろう。

この正念場で勝てなかったことが卓球人気を20年以上遅らせてしまった一因だと思う。

日本がオリンピックの卓球競技でメダルを獲得したのは、女子が2012年ロンドン大会での団体銀（石川、福原、平野早矢香）、男子が2016年リオ大会での男子シングルス銅（水谷）と男子団体銀（水谷、丹羽孝希、吉村真晴）が最初である。

「卓球王国・日本」復活のスタートライン（金メダルを争える位置）に立つまでに、実に四半世紀を要した。

現在の私たち協会の強化スタッフは、過去の自分たちの姿を反面教師にして、若い選手たちを指導している。技術コーチのみならず、トレーニング、ウォームアップやクールダウンなどボディメンテナンスに関しても専門家による指導をおこなっている。

選手たちはみな、「オリンピックで金メダルを取る」という輝かしい使命を背負い、日々の鍛錬に励んでいる。

王者の座は日本から中国へ

卓球の期限は19世紀のイギリスにさかのぼる。日本に上陸したのは1902年、東京高等師範学校の先生だった坪井玄道が、イギリスの留学から帰国する際にラケットとボール、ルールブックを持ち込んだ。ちなみに坪井さんは、サッカーやドッジボールも広めた、日本スポーツの父ともいえる偉人である。

1926年には、世界選手権の第1回大会が発祥の地イギリスのロンドンで開催されるが、当時の一大強国はユーゴスラヴィア、これに次ぐのがオーストリアだった。

その後は、チェコ、イングランド、アメリカ、ルーマニアなどが強国の列に加わっていく。いずれも欧米の諸国である。

画期となるのは、1952年のボンベイ（インド）大会だ。

男子シングルスで佐藤博治（さとうひろじ）さんが優勝すると、ヨーロッパの強豪国に衝撃を与えた。これはアジア初の快挙でもあったので、他のアジア諸国を勇気づけるきっかけとなったのである。現在の中国の隆盛もこの1勝から始まった。

同じ大会で男子ダブルスと女子ダブルスも優勝し、いよいよ日本卓球の第1次黄金期の幕が開かれると、そこから、男子シングルスでは6大会中5大会で日本選手が勝利し、1956年の東京大会では、ベスト4までを日本選手が独占するという快挙を成し遂げた。

また、女子シングルスにいたっては東京大会から8大会中、なんと7大会で日本選手が優勝。今の中国を彷彿（ほうふつ）させるような強勢ぶりを誇った。

日本卓球の第1次黄金期を代表するトップスターが、「荻村杯」の命名の由来にもなった荻村伊智朗さんだが、彼の活躍に触発された荘則棟（そうそくとう）さんが中国卓球最初のスターダムにのし上がる。1961年の北京（ペキン）大会で荘則棟さんが荻村さんを破った勢いで優勝、そこから3連覇を果たし、長い中国黄金期の先駆けとなった。

日本は男子シングルスが1979年の平壌(ピョンヤン)（北朝鮮）大会、女子シングルスが1969年のミュンヘン大会を最後に優勝していない。

その後、男子ではスウェーデンなどヨーロッパの選手が健闘した時期もあったが、男子シングルスは日本が世界王者の地位から陥落(かんらく)して以降の19大会中14大会で、女子シングルスも同様に24大会中21大会で中国選手が優勝している。

現在の中国卓球の圧倒的な強さは、さまざまな点で群を抜いている。

まず、女子選手のケタ違いの強さである。世界選手権のシングルスでは1995年の天津(テンシン)大会以来12大会連続で、ダブルスでは1989年のドルトムント（ドイツ）大会以来15大会連続で、金・銀を維持している。さらにその間、シングルスでは7大会で、ベスト4を中国女子選手が独占している。

オリンピックではとくに好成績を残している。女子シングルス、男子団体、女子団体は、全大会無敗である。

最後に、これがもっとも特筆すべき点であるが、自国開催の大会でほとんど負けていない。オリンピック、世界選手権、アジア選手権、アジア大会の卓球競技……とすべてにおいて、その大会に照準を合わせ、メダルを獲得している。

それゆえ、アジア選手権無錫大会の女子シングルスで平野選手が優勝したことによって、日本選手に対する研究にいっそう拍車がかかったのは言うまでもない。

中国のプロリーグと日本の社会人スポーツの壁

中国に荘則棟というスターが登場するが、1966年から始まった文化大革命によってスポーツどころではなくなった。世界大会の勝利によって名声と財産を得た選手や指導者たちの多くが、反革命分子として表舞台を追われた。中国卓球はいったんリセットされたのである。

戦後復興を遂げてからの日本には、そういった受難がない。

思えば、佐藤博治さんが初優勝した1952年は、サンフランシスコ講和条約が発効した年でもある。つまり、戦争に負けた日本がふたたび国として認められたのだ。同じ年、ボクシングの白井義男さんが世界チャンピオンになっている。

日本国民全員がゼロからもう一度はい上がっていこうともがいていた。上昇気運が渦巻（うずま）いていた時代である。こういった流れが、2つのスポーツでの大きな優勝につながっていたのだろう。

中国が卓球王国の地位を盤石（ばんじゃく）のものとするには、まだ時間を要した。1988年のソウルオリンピックでは、男子シングルスと女子ダブルスの優勝を韓国に奪われ、男子シングルスは、1992年のバルセロナオリンピックでも勝てなかった。しかも、この2大会で銅メダル1枚という成績に終わった。

そんな状況下、1995年に中国に初のプロリーグが発足する。現在の超級（ちょうきゅう）リーグの前身だ。これが大躍進の起爆剤となる。

日本には、ソウルオリンピックが始まる以前から「日本リーグ」があった。1977年の発足である。

しかし、日本リーグはプロリーグではなく、企業・実業団チームという特性を持っていたため、その選手は所属する企業・団体の社員として働きながら、卓球の練習をし、試合を戦わなければならなかった。

このプロと実業団のシステムの違いが、さらに中国と日本の差を生み出してしまったのかもしれない。

中国超級リーグの実力選手では年俸1億円クラスはたくさんおり、女子の郭炎選手（元世界ランキング1位）などは、年間の契約額が3億2000万円、男子でいちばん人気の張継科選手ともなると、2017年の年収が12億円ともいわれている。こうなると、サッカーやゴルフのトップスターとくらべてもまったく遜色ない。

そして、それだけの報酬を受け取るからには、選手はその地位を維持しようと努力するだろうし、より高い評価をめぐってライバルとの競争が熾烈になる。選手層も厚いから、うかうかしていたら次の選手が自分の後釜に座るかもしれない。1番手と2番手とでは大きな差が出るから、誰しもいちばん上を目指して必死になる。

一方、日本選手は、企業・組織の一員として各々の給与体系に組み込まれる。選手の競技成績と給与形態はリンクしないことが多い。

プロ化するよりも、プロフェッショナル精神を持て

では、プロ化それ自体が強化の唯一の解決法かといえば、そうとも思えない。

日中のライバル

2016年、リオ五輪男子シングルスのメダリストたち。水谷選手（右）がオリンピック卓球個人種目で日本人初の表彰台に上った。中国選手対決は、決勝戦で馬龍選手（中央）が張継科選手（左）を4−0のストレートで破り、世代交代を果たした。
写真・リオデジャネイロ（共同）

日本では、ロンドンオリンピックチャンピオンの張継科選手よりもリオオリンピックチャンピオンの馬龍選手のほうがよく知られているだろう。彼の高い技術に傾倒する日本のトップ選手もたくさんいる。

世界選手権男子シングルスで張継科選手が2度優勝、馬龍選手も2度優勝している。またオリンピックは、張継科選手がロンドン、馬龍選手がリオデジャネイロと各1個ずつ金メダルを取っている。成績は互角にもかかわらず、日本では馬龍選手のほうが人気がある。

ともに中国卓球界の2大スターであり、年齢も1歳違い、その対決は中国で「科龍大戦」と呼ばれ、いつも大きく注目される。

しかし、中国での両者の人気には天と地ほどの差があることを思い知らされた。ある卓球関係者のパーティに呼ばれたとき、私の隣のテーブルに張継科選手と馬龍選手が座っていた。そのテーブルへ会場の女性たちが次から次に来るのだが、その40人ほどの女性のすべてが張継科選手目当てだったのである。

さらに張継科選手が会場を出るときは、建物の外に500人くらいの出待ちがあった。まさに街を普通に歩けないほどの人気者である。

　また、リオオリンピック直前に張継科選手が「明日出発する」とツイートした。すると、おおぜいのファンが北京(ペキン)空港へ押しかけ、混乱で一時閉鎖されるという事態になった。その後、張継科選手は当局から「事前に行動を明かさないように」と注意を受けたそうだ。

　人気ではおそらく中国一の張継科選手であるが、実は日本の張本選手を苦手としている。２０１８年の荻村杯では張本選手に決勝で敗れたが、そのときもツイッターでは、「よく頑張った！」、「おつかれさま。早く帰っておいで」といったねぎらいの声が多数あった。「勝ったら英雄、負けたら非国民」という中国社会にあって、彼のような存在は珍しい。

　何を言いたいかというと、プロ選手の成功は、必ずしも競技の実力だけでは評価されないということだ。実力の高さと報酬の高さは比例しない。人気の高さが報酬にプラスされるケースもある。

　お金を出す側、つまりスポンサーは、実力ではなく人気を評価する。率直にいえば、消費者に人気のない選手には投資しない。不祥事を起こした選手が支援を打ち切られるのはこういった理由だろう。

スポーツ選手が過分な名声と財産を手に入れてしまった後も、切磋琢磨を続けられるかどうかは、その人の人間力によるだろう。つまりプロ化を進めるよりも、プロフェッショナル精神を育てることのほうが強化に直結しているのである。

しかしながら、中国の超級リーグが強化に対して大きな成果をもたらしたのは事実である。

立場は厳密な意味のプロではないが、プロフェッショナル精神で臨めるのが、日本代表として戦う場合である。

日本代表チームでの勝利はそれ自体報酬をもたらさないが、選手たちが死力を尽くして戦うのは、国や国民の栄誉を背負っているからである。これは金銭的価値をかけて戦うプロフェッショナル精神よりも強力なものと信じている。

以前の日本代表チームは、現在とは異なり、1大会のために召集されていた。つまり、世界大会の直前に召集され、直後に解散していた。

これでは世界で勝つための強化ができない。荻村さんの「このままでは勝てない」の一声で1990年、はじめてナショナルチームが組織されるようになった。

ナショナルチームは、全日本チームのような即席ではなく、1年単位で組織される。現在、男子ナショナルチームには9人が所属し、その候補が23人いる。女子はナショナルチームのメンバーが7人で、その候補が8人である。この中から、期間内の世界大会ごとに派遣する選手を決めるシステムである。

その結果、世界大会のない期間でも「私は日本を代表する選手だ」、「それにふさわしい存在であり続けたい」という意識がつねに生まれる。

世界大会での勝利という共通の目的を持ち、個々がそれに向けて日々の精進を重ね、課題を克服し、来たる日に向けて準備できる。逆にいえば、日ごろからその意識の低い選手は、淘汰（とうた）される。

真の日本代表、ナショナルチームの結成は、重要な一歩となったが、次にその枠組みの中で勝てる選手を育成していかなければならない。

その2　勝てる代表選手をつくる

男子監督を受けるときに提出した3つの条件

私は現在、日本卓球協会の強化本部長の職にある。その職責は、日本代表を強化することにほかならない。

その第一歩が２００１年10月の代表男子監督就任だった。

当時、選手としての現役を退いた私は、和歌山の銀行に勤めていた。この銀行にはすでに20年間お世話になっており、社長秘書として11年目を迎えた。私自身、卓球選手の現役を終え、企業の一員の日常がすっかり板についていた。

２００１年４月に大阪で世界選手権がおこなわれた。このときＮＨＫで試合の解説をさせてもらったが、日本代表の現状をまざまざと見せつけられた。女子は、ダブルスと団体戦でベスト４となったが、男子は個人戦がメダルなし、団体戦は過去最低の

13位だった。

その晩、村上恭和（むらかみやすかず）さん（日本生命女子監督）、佐藤正喜（さとうまさき）さん（元日産自動車監督）と食事をしながら話し合った。

「このままでは日本卓球は終わる。今のシステムをがらりと変えて、小学生から鍛（きた）え始めないといけない。いち早くそれをやらなければ、このままずるずる衰退の道をたどっていくばかりだ」

そんな話になった。

誰もが危機意識を持っていたが、小学生からの強化をどうやって始めることができるのか。そう思っていたら、村上さんが口を開いた。

「宮﨑、オマエがやれよ。もうオマエしかいないだろ」

翌日、私は銀行に退職願を提出していた。具体的な手段は想像すらつかなかったが、心だけは燃えていた。

しかし、すぐには銀行を辞められなかった。社長秘書を11年勤めていた私は社長に、自分が卓球界を復活させるために今後の人生をかけていきたい、という思いを何度もぶつけた。結局、説得に2カ月かかり、月1回は社長室に近況を報告するという条件つきで退職することができた。

その後は、慣れ親しんだ和歌山で卓球ショップと卓球場を営みながら、時機が来るのを待った。そんな折り、9月ごろだったか、当時の協会専務理事の木村興治さん（1961年北京大会で男子ダブルス優勝）から電話があった。

「今、どこで何をしているんだ？」

「はい、和歌山で下積みをしています。近い将来、卓球界を変えるお手伝いをしたいと考えています」

「あ、そうか。下積みはもう終わりだ。今すぐ変えてくれ！」

木村さんによると、「女子のほうは中学1年生（当時）の福原選手がいるので、なんとかなるかもしれない。だが、男子の有望選手が見当たらない。男子監督になって次世代を育成してくれ」ということだった。

数日の猶予（ゆうよ）をもらい、熟考した結果をまとめ、木村さんへ連絡した。そこで私は3つの条件を提示した。

・小学生のナショナルチームを新設すること
・強化本部規定を宮崎に改定させること
・ナショナルトレーニングセンター建設検討委員会をつくること

4〜5日後に、理事たちの承諾を取りつけたといって、木村さんから再度連絡があった。私の条件を受けいれる代わりに、理事たちの条件も提示された。

・この職に専念し、３６５日、日本卓球協会に捧げ、他の仕事はやらないこと
・無給でやること

私は条件を承諾し、この年の10月、日本代表の男子監督に就任した。

監督として最初におこなったのは、小学生ナショナルチームの準備である。全国の小学校・クラブに文書を発送し、「静岡県で小学生ナショナルチームの選考会をします」と通知した。

文書の構成や発送はもちろん、選考会を実施する体育館の手配、宿の確保から、当日の準備体操の指導、笛吹き、球拾いと、すべて自分でやった。なにせスタッフは私の他にひとりもいないのだ。

そうして、きらりと光る子を数名選び、12月には小学生のナショナルチーム、後の「ホープスナショナルチーム」を発足させた。

その後、ナショナルチーム、ジュニアナショナルチーム、ホープスナショナルチームと一貫指導体制を確立することができた。

現在はさらに細分化され、ナショナルチーム、ナショナルチーム候補、ジュニアナショナルチーム（18歳以下）、ジュニアナショナルチーム（15歳以下）、ホープスナショナルチーム（12歳以下）、ホープスナショナルチーム（10歳以下）、ホープスナショナルチーム（8歳以下）の7段階となり、さらに今年は7歳以下（幼稚園生を含む）の部も追加される。

このうちジュニアに当たる層では、２００８年より「ＪＯＣエリートアカデミー」が日本オリンピック委員会（ＪＯＣ）の肝いりでスタートすることになった。その最初の対象となる競技が卓球とレスリングだった。

東京都北区にある味の素ナショナルトレーニングセンター（通称「トレセン」）を拠点とし、毎年数人のジュニア選手が入校する。センター内の寮が生活の基盤であり、学校も寮から通えるところを選ぶ。学業との両立を前提として可能なかぎりの特別指導をおこなうシステムだ。

卓球ではこれまでに、谷岡あゆか（1期）、村松雄斗選手（2期）、浜本由惟選手（4期）、加藤美優選手（5期）、平野美宇選手（6期）、長﨑美柚選手（8期）、張本智和選手（9期）、木原美悠（きはらみゆう）選手（10期）など約30名の選手たちがＪＯＣエリートアカデミーの出身、あるいは在籍中である。

日本ではまだスポーツエリート教育に対する批判もあるが、このシステムでは、あくまでも学業をおろそかにしないことが条件である。将来を期待された若い選手たちが、トップ選手の日々の練習風景や行動を間近に観察し、吸収できる。その環境に身を置くことがなによりも成長の糧（かて）となる。

次に、監督就任から2週間足らずのうちに、規定や権限を全部変更した。

それまではヒト・モノ・カネに関わる多くのことが理事会の承認で動いていた。しかし、判断のスピードを上げ、最適な決定がなされるように、選手選考や予算組み等を監督の権限で決められるように変更した。現在でも選手たちを現場で指導している監督の権限は多い。

ナショナルトレーニングセンターの建設に関しては、国の判断と莫大（ばくだい）な予算がからむ問題だけに、さすがにスムーズというわけにはいかなかった。

しかしそれでも、ＪＯＣや文部科学省など多方面に働きかけをして、２００８年にできあがった。これが味の素ナショナルトレーニングセンターである。国立の施設であるが、翌年に味の素がネーミングライツ（命名権）を獲得して現在名称となっている。

スポーツ界が一切の働きかけをしていなかったら、これほど大規模な施設は誕生していなかっただろう。今さらながら意志と行動の第一歩の大切さを痛感している。

代表選手の意識を変える29項目

就任当初は、ナショナルチームのおよそ半数が喫煙をしていた。それを即刻止めさせ、少々手荒（てあら）ではあるが、「今後タバコを吸ったら、代表を辞退することになっても文句は言わない」という趣旨の念書を書いてもらった。

まもなく代表選手にはもっと規律が必要と考えるようになり、思いつくものを書き並べると29項目になった。これを「合宿時・遠征時の男子ナショナルチーム行動規範（遵守事項（じゅんしゅ））」として発表し、遵守してもらうようにした。

平成23年４月１日付の「行動規範」は以下の通りである。

①　日本代表としての自覚と自負を持って行動すること
②　禁酒、禁煙
③　茶髪禁止
④　口ひげ、あごひげ、長すぎる無精(ぶしょう)ひげの禁止
⑤　5分前行動を心がけること
⑥　合宿・遠征時の男女間の交際は禁止
⑦　合宿・遠征時の男女間の部屋の入室は禁止
⑧　Tシャツを外に出しての練習は禁止
⑨　サンダルでの移動禁止（ホテル内・飛行機内は可）。ソックスは履(は)くこと
⑩　靴を脱いだら揃えること
⑪　卓球台の上に足を乗せてのストレッチは禁止
⑫　携帯電話使用制限（体育館・食堂）。使用の場合はスタッフの許可を取る
⑬　歩きながらの携帯禁止

⑭　イヤホンを付けたままの移動禁止
⑮　プールの個人使用時は監督かスタッフの許可を取ること
⑯　夜間にコンビニに行くのは禁止（午後9時以降）
⑰　練習中に洗濯機を使用しないこと
⑱　お菓子やジュースの過剰摂取は栄養とコンディショニングの面から禁止
⑲　NTC（ナショナルトレーニングセンター）の門限は午後10時厳守
⑳　休日や休憩中の外出時はスタッフに許可を取る
㉑　怪我（けが）の報告
㉒　個人のスケジュールの報告
㉓　他競技選手・スタッフへの挨拶（あいさつ）はしっかりおこなう
㉔　関係者にも挨拶をしっかりおこなう
㉕　マスコミへの対応は丁寧におこなう。しかし、スケジュールの状況や体調が不十分な場合にはスタッフに相談すること
㉖　消灯の遵守（夜11時以降は自分の部屋に戻ること）

㉗　栄養を考えた食事の摂取（6つのお皿の遵守）
㉘　監督・コーチがいない場合は選手間で適切な行動を取ること
㉙　アンチ・ドーピング機構への協力義務として、該当者は居場所情報の報告を励行（れいこう）すること

細かく行動規範を列挙することで、選手はより具体的にルールを守るという意識が生まれ、同時にナショナルチームとしての自覚もできてくる。

若い力を生み出す土壌（どじょう）

私が先頭に立って進めてきた強化策が、成果を出し始めたのは、２００６年のころだった。この年、全日本選手権で当時まだ高校2年生だった水谷選手が初優勝を飾ったのである。

２００６年の全日本選手権で特筆すべきは、ベスト16のうち、水谷選手の他、高校生以下が9人も入ったことだろう。私の現役時代は、ベスト16に学生がひとりいるか

いないかといった状態が常だった。学生が3人も入れば、「今年は若い子が頑張ったね」と関係者たちが言っていたのである。若返りは確実に進んでいた。

2007年に揚州(ようしゅう)でおこなわれたアジア選手権の男子団体では、中国と実に四半世紀ぶりの決勝を戦うことができた。ようやく中国への挑戦権を得たのだ。

この決勝進出に、高校3年生の水谷選手が大きな仕事をする。予選からチャイニーズタイペイ（台湾）との準決勝まで与えられた試合で全勝したのだ。そして、決勝で当時まだ18歳だった馬龍選手と戦っている。

水谷選手はその後に日本のエースとなり、馬龍選手も、国内のライバルである王皓(おうこう)選手、王励勤(おうれいきん)選手、馬琳(マーリン)選手、そして張継科選手などとの数年にわたる熾烈(しれつ)な戦いを制した結果、ついに中国のエースの座を手にした。今思えば、時代の変わり目を象徴するかのような試合である。

2008年、広州の世界選手権（団体戦）で、女子団体に続いて男子団体も3位を獲得し、ここから5大会連続で表彰台に上った。そして、翌2009年の横浜大会において前述した水谷・岸川ペアの男子ダブルス表彰台が実現する。

近年、スポーツメディアでは「日本卓球が復活の兆しを見せている」と喧伝されているが、変革の成果は2006年ごろには現われていた。人気はまだまだだったが、実力は確かについてきていたのである。

正確に評価するなら、「日本は若くて有望な選手が次から次へと出てきている」ということだろう。

日本の卓球が継続的に成長するには、選手個人の力に頼り切らず、有望な若い選手が何層にも重なった土壌を築き上げるところから始めなくてはならない。選手個人の努力はもちろんだが、卓球協会の努力も必要だ。

私が指導者のキャリアをスタートさせたとき、協会に提出した3つの条件はすべて若い力の育成に向けられていた。

中国にも死角はある

中国のように圧倒的な競技人口があれば、競争心理を利用して、たがいに切磋琢磨させるだけでよい。そうすれば、やがて優秀な人材だけが勝ち残るだろう。適者生存の原理である。自然淘汰は、中国が採用できる育成法だ。

しかし、日本においては中国と同じ方法を取るのは不可能である。

中国の競技人口は９２００万人ともいわれる。愛好家のレベルになると何億人いるかわからない。これに対し、日本の競技人口は35万人だから、ほぼ２６０分の１の規模である。普通に考えれば、１００倍以上の母数相手にとても勝ち目はない。そのうえ競争と自然淘汰に任せていたら、いつまでも勝ち目はない。

日本が勝機を見いだせる方法は、ひとつしかない。若い選手を抜擢（ばってき）して、どんどん世界に出して経験を積ませる、現在の日本代表の形である。

オリンピックの各国代表メンバーの数は３人である。この３人は、９２００万人の競技人口を誇る大国も、小さな国でも同じである。

男女とも、中国以外の国で「完璧（かんぺき）な３人」の選手を揃えることは容易なことではない。

中国代表は4~5人の世界トップクラスの代表候補から３人を選んでいる。現在の女子でいえば、丁寧選手、朱雨玲選手、劉詩雯（りゅうしぶん）選手、陳夢選手、これに若手の王曼昱（ワンマンユ）

選手といった中から3人に絞(しぼ)らなくてはならない。いくら世界トップクラスでも、「国内4番手以下」はオリンピック代表にはなれない。

もっといえば、これまで丁寧選手の代表入りはほぼ当確だったので、残り2枠を3人以上で争う狭き門だった。

中国選手にとってオリンピックの勝負は、世界ではない。まず国内のライバルとの戦いを制することにある。オリンピックでの勝利を考える前に、まず出場を勝ち取らないことには勝負は始まらない。

もし中国に死角があるとすれば、オリンピックに関しては代表選手を決めるために、個々の選手が、世界ではなく国内に目を向けていることだろう。

また過去の中国の選考を見ていると、世界ランキングよりも世界大会での実績でベテラン選手が選ばれる傾向がある。見方によっては、引退の花道のようにもみえる。

２０２０年の東京オリンピック時の丁寧選手は30歳、劉詩雯選手が29歳。彼女たちはそろそろ引退をうかがう時期にさしかかってきた。彼女たちのあとを継ぐと思われる朱雨玲選手が25歳、陳夢選手が26歳、王曼昱選手が21歳である。

一方の日本女子代表は、すでに石川選手とダブルエースの活躍を見せる伊藤選手が、東京オリンピック時点でまだ19歳、同学年の平野選手が20歳だから、王曼昱選手よりさらに若い。その他にも日本の10代の若手選手の成長が著しい。

選手を成長させるのは、大舞台での経験と期待値である。この点で、日本の若手選手は、中国よりも恵まれているといえるだろう。

そして、この日本代表の若返りが、中国に大きな危機感を与えている。

世界大会には、年1回の世界選手権やアジア選手権の他に、毎年10数試合おこなわれるＩＴＴＦ（国際卓球連盟）主催のツアー大会がある。荻村杯（ジャパンオープン）のように中国や韓国、ドイツなど各国を回り、そこでの成績が世界ランキングのポイントに加算される。

こういった場に出ていかないことには世界ランキングも上がらない。日本は若い選手をどんどん送って経験を積ませてきた。

一方、中国は選手を固定し、若手を世界大会に多くは出さなかった。しかし、そのやり方は今年（２０１８年）から一変した……。

勉強のできない子は、卓球が強くなるのは難しい

中国は全省にそれぞれ卓球専門学校があって、卓球競技専門のエリートを養育している。おそらく日本以上の過酷な訓練がおこなわれているだろう。ただ、それは学問やしつけなどの全体的な教育ではなく、卓球の練習がメインである。

技術や運動能力が高くても、他の能力が育たない選手は途中で脱落していく。良い才能を持った人材をきちんと教育・指導していかないと、壁に当たったとき、乗り越えられない。

私たちがやっているのは、子供たちの強化に医科学的アプローチを投入することだ。

そして、小さいうちから卓球の技術だけではない全体的な人間力を身につけさせる。高い人間力がメンタル面の育成にもつながっていく。

この分野で日本は中国の先を走っている。中国がその効果に気づいてマネをし出したころには、日本はさらなる試行錯誤を重ねて、より進化した強化策を試しているだろう。

若い選手を育てる最適の方法とは何か。

それは、自発的に勉強する子を育てることだ。

先に結論をいえば、勉強もできない子が卓球だけ強くなるわけはない。文武両道とは、「スポーツができる子は勉強もできる」という意味だと私は解釈するようにしている。

福原選手は数学の難解な問題をいとも簡単に解いて見せていたし、おじいさんが学者である平野選手はその血を継いで勉強もできた。張本選手は、小学校時代の学力テストで上位優秀者だった。彼の親御さんは「卓球より健康や学業が大切」という教育方針である。

計算が速くて難しい漢字が書けるから、卓球ができるということではない。基本的な理解力が高いということもあるが、自発的に勉強する子は、他人を頼りにせず、まずは自分の頭で考えるクセができている。厳しい課題にぶち当たったときに、独力で解決法を探し出そうとする習慣、探求心が身についている。

だから、勉強のできる子は解けない問題があっても、すぐに「答えを教えてくれ」

とは言わない。こういう子は何をやっても伸びる。

1時間勉強を続けられないような子は、単調な練習を継続することができないし、卓球の資料映像をおとなしく視聴することさえできない。映像を見ている間も、本題と関係のない部分が気になって集中できない。それも飽きると退屈してダラダラしてくる。自分の頭で考える習慣ができていて、それに集中力が備われば、短時間の練習でも効果が絶大である。

JOCエリートアカデミーに所属する張本選手ら中学生は、学校が終わって卓球場に来るときには午後4時半を回っている。そこから7時から8時くらいまで練習し、寮に帰って勉強をする。つまり、平日は正味2〜3時間しか練習していない。それで世界のトップ選手になるのだから、運動能力面の才能だけでないのがよくわかる。

JOCエリートアカデミーでは、卓球の指導だけでなく、生活面や学業の指導も一貫しておこなっている。学校で使っている教科書、宿題を卓球場に持ってきてもらい、勉強する。夜には英会話や中国語会話をさせる。

短い時間でも勉強などで集中することが、ここ一番の能力を発揮するには必要だ。

小さいうちは高い運動能力があればある程度やっていけるかもしれないが、大きくなると勉強ができて集中力の高い子のほうが、運動能力のみが高い子を逆転する。

人間の脳は10~20パーセントしか活動していないといわれる。もし30パーセントも使えればスーパーマンになれるかもしれない。

ようするに、能力自体は誰しも持っているが、フルに使えていないのである。私たちが子供のうちからそれを1パーセントでも多く使えるように引き出し、開花させてあげることができれば、世界チャンピオンも夢ではない。

普段の勉強で集中できない子が、試合の大舞台、ここ一番というときに集中できるとは思えない。私が数多くの子供たちを間近に見てきて確信したことである。

なんのために歯磨き講習をやるのか

ホープスナショナルチームの教育プログラムの中に「歯磨き講習」というものがある。なぜ歯を磨くのか、磨くことでどんなメリットがあるのか、どういう点に意識して磨くのがいいのか、といった内容を1時間ほど講習する。

歯磨きは毎日するものである。その日々の歯磨きの意味を理解してしっかりと取り組む子と、「とりあえず形だけやっていればいい」と適当に済ませる子とでは、数年経ったときに大きな差が出てくる。

重要なポイントは2つある。

ひとつは、習慣化によって、継続する力、集中力、考えて工夫する力なども身につくということだ。

意味を理解して毎日同じことをくりかえしていると、「ずっとこのやり方でいいのだろうか」といった疑問もわいてくる。習ったことをしっかりやるのは大切だが、長期間継続するには変化も必要だ。自分であれこれ工夫してみたり、調べてみたりするようになる。前よりもっとうまくやれると、自信がつく。

こういったことは卓球にも通じる。

卓球が強い子は、練習後のノートをきちんと書いている子が多い。同じ練習を継続する中で、変化を見いだし、工夫の必要性を見いだすことができる。「明日はこうやってみよう」と思える感性を子供のうちから身につけることができる。

もうひとつは、幼いうちから、よい習慣だけを身につけるということである。大切なのは、卓球であれ、勉強であれ、ピアノなどの習いごとであれ、歯磨きであれ、するべきことを当たり前におこなうということだ。

「1日1回やらないと気持ち悪い」というレベルまで習慣化する。心身にたたき込んでクセにすることだ。

このクセは幼少時からやらないと身につかない。よい習慣が身についていない子が成長すると、代わりにおかしな習慣が身についてしまうことがある。

たとえば、髪やスマホをいじっていないと落ち着かないとか、大人になってギャンブルに夢中になって身を滅ぼしてしまうとか。こういったものも一種の習慣化だが、よくないことの習慣化は「依存症」という。

将棋の羽生善治(はぶよしはる)名人は、試合がないときも毎日6時間の練習をしているというが、彼は試合や練習の合間を見つけては、読書をしたり、映画を観(み)たり、美術館に行ったりしている。そうやって、トップに立つ人間にふさわしい感性や感覚を磨いている。

悪い習慣はその人の感性や感覚を錆(さ)びつかせてしまうから、よい習慣だけで時間を埋める努力をする必要がある。

「ちょっとＬＩＮＥ（ゲーム）でもやろうかな……いや、卓球ノートを書かないと！」

自発的に気づける心を育てるには、まずそのベースとなる心を育てなくてはならない。

大人が「スマホばかり見てないで、ちゃんと練習（勉強）しなさい！」と怒ってやらせても意味がない。自分から身を律して、自分をコントロールできる子に育てなければ、大人になってスマホを手放せなくなる。

歯磨き講習の重要なポイントを２つ挙げたが、この講習には、もちろん基本となる目的がある。７～８歳までの幼少時は歯にフッ素がないため、虫歯になる確率が非常に高い。実際、ナショナルチームに在籍している７～８歳の選手たちの多くが、歯の治療にかなりの時間を奪われている。

学校から帰ると、卓球の練習以外の時間は歯の治療。これは本当にもったいない。

その時間を勉強にあて、羽生名人のように感性を磨く時間にあてられればいいのに、とつくづく思う。

7歳からピッチ185のラリーが目標

卓球の技術で非常に重要な反射神経や敏捷性（すばしっこさ）、巧緻性（バランス感覚やリズム感覚などによる動きの巧みさ）といった能力は、12歳でピークを迎える。ピークを迎えたあとは18歳を機になだらかに落ちていくのみで、ここからそうした能力を身につけようと思っても不可能である。

このことは運動生理学にもとづいて立証されている。私たちが教育を受けていたころはまだ解明されていなかった事実である。

つまり、12歳までに完成する敏捷性や巧緻性は、その年齢までに最高レベルにまで上げておかなければ、後から訓練することはできない。少年が成人の選手に勝てないのは、筋力（パワー）や戦術眼が劣っているからであって、すべての能力で劣っているわけではない。むしろすぐれている能力もあるということだ。

小学生が大人にはできないダンスや一輪車を短期間で習得することを考えれば、理解できるだろう。

とくに巧緻性について話をすると、卓球は指先の感覚の繊細さや鋭さがとても大切だ。指先には第二の脳といわれるくらいに神経がたくさん通っている。その指先を使って、打球の回転をコントロールし、相手の球の勢いを受ける・殺す・流すといった細かい処理をおこなう。

球出しマシンで、1秒間に150回転のドライブボールを出せるものがある。これは、人間がやろうと思えば、一流選手であろうとも1分間で肩をつぶしてしまうレベルだ。その150回転の球を7歳くらいの子供に受けさせても、最初はひとりとして返球できる子はいない。

ところが、何回もくりかえしやらせると、回転がラケットのラバーにくい込む感覚、指先を使ってその回転をグッと抑え込む感覚が養われていく。そのうち10球に3球は相手コートに返せるようになり、その日のうちに5球、6球、7球と返せるようになる。そして次の日には、1球目から完璧(かんぺき)に返せる。これが少年期の巧緻性だ。

こうやって覚えた感覚は、一生忘れることがない。この能力が伸びていくのは12歳が限界である。それ以降でもまったく習得できないわけではないが、7歳から覚えた感覚とでは質が異なり、次へのステップがまったく違う。

12歳までは、どの子も一貫して瞬発系や神経系の運動能力を高める特訓に時間をついやしていきたい。その効果を高めるために、10歳以下、8歳以下という部門が必要になってくる。個々に合った練習をやるのは12歳を過ぎてからでも遅くない。

敏捷性、すばしっこさという観点によると、1分間のラリーで「180回」（つまり90往復）というのがひとつの基準になってくる。

この1分間180回は、伊藤選手がフリーインストラクターの新井卓将（あらいたくしょう）さんとの間で成功させた高速ラリーのギネス記録である。

つまり、日本卓球がこのピッチを実戦で保てば、世界最速のスピード勝負ができていることになる。実際に、このスピード面において日本代表は世界を牽引（けんいん）している。

この秋にスタートするU（アンダー）-7（セブン）（7歳以下）合宿では、ピッチ180のさらに一段上のピッチ185を目指して練習させている。このテンポをメトロノームで設定し、音を聞いて確認しながらピッチを合わせていくのだ。

12歳までにこの練習をやり込んでおけば、ピッチ１８０と同等かそれ以上のピッチでプレーできるようになる。12歳までに音で身体に染み込ませておけば、反射能力、敏捷性を上げられる。そうなれば成功だ。

現にホープスナショナルチームで育った伊藤選手、平野選手、早田ひな選手、張本選手たちは、同年代の海外選手にスピード勝負で負けることはない。現時点で負けていないということは、今後も簡単に抜かれることはない。さらに彼らより若い選手たちは、いっそうのスピードアップを目指した練習に励んでいる。

伊藤選手や張本選手たちがベテラン組になった日本代表は、どれほど強くなっているだろうか。「卓球王国日本」のスタートだ。先ほど、あえて日本代表の「第１次黄金期」と表記したのも、将来に訪れるであろう「第２次黄金期」を見越してのものである。

3章　日本代表の技術・戦術革新

その1　この「武器」があるから勝てる

速攻とパワーのせめぎ合い

卓球競技は7要素の習得から始まるという話をした。ルールがシンプルで勝負の要素が多いと、選手ひとりひとりの特色が大きく違ってくる。トップ選手には、たいていその人ならではの個性があり、それによって対戦相手の得手不得手ができる。野球でいえば、投手と打者の相性に近い。

同じように戦術の得手不得手もある。

私が日本代表だったころの強化策として、「速攻3原則」というのがあった。当時の中国の卓球は「前陣速攻」、前に詰めて（後方に下がらず）スピード勝負に持ち込むスタイルが主流だった。日本選手も同じような速攻をしかけて、それに対抗するよう指導された。

３原則とは、「前陣速攻」、「両ハンド」（動き回ってフォアハンドで攻めるのではなく、フォアハンド、バックハンド両方を使う）、「打球点を落とさない」（高い位置でたたく）の３つである。

ただし、これをおこなうには、前陣で動ける敏捷性と反射神経が不可欠だ。こういった神経系の能力は、12歳でピークを迎えて18歳から後退していくものなので、成人選手が言われたとおりにそこから習得するのは困難である。現代の科学ではそう解明されているが、当時はわからなかった。

すでに20歳を回っており、台の後ろに下がってパワー勝負をしていた当時の私に対し、「前に詰めろ」というのは、「個性を捨てて自滅しろ」といっているのに等しい。ところが当時の私は、言われたとおりに一生懸命、速攻の練習をやっていたのである。もちろん、成果はまったく出なかった。オリンピックや世界選手権など重要な試合では持ち味のパワー勝負をしていた。いや、勝つためにはそうせざるをえなかった。

自分の個性をいちばん知っているのは自分である。

私のパワーは選手たちの間でも群を抜いていた。角界ナンバーワンの怪力ともいわれる横綱白鵬（はくほう）の背筋力、握力がそれぞれ２７０キロ以上、70キロ以上と聞くが、当時の私は背筋力が２４６キロ、握力が68キロあった。

しかし、その当時の科学では、私のパワーは最大限に活かされなかった。戦術的にもパワー勝負が可能な卓球スタイルを構築できていれば、世界チャンピオンになれたかもしれない。

細かい技術の習得以前に、自分の特徴を活かすスタイルや戦術を見つけ出すことが、もっとも肝要（かんよう）といえるだろう。大柄でパワーのある選手が、流行の速攻技術を身につけようとしても、身の丈（たけ）に合わないという可能性が高い。

逆にあまりパワーのない選手は、卓球台の前にぴたりとついて、スピード勝負、いわゆるピッチ（テンポの速さ）で戦うのに適している。男子の試合が多くは、台から下がってダイナミックな展開になるのに対し、女子の試合はピッチの速い攻防となる傾向があるのはそのためだ。

伊藤選手と平野選手の活躍によって、「日本女子代表の浮沈のカギはピッチの向上にかかっている」と考えている傾向がある。それは一面では正しく、一面では正確ではない。

「ピッチか、パワーか」は、自分の特徴を考えた上で取捨選択すべきである。

必要なのは核となるスタイル

女子選手でパワーのある選手といえば、早田ひな選手が真っ先に浮かぶ。彼女は日本代表を担う黄金世代の一角であり、伊藤選手や平野選手と「同級生トリオ」といわれている。

早田選手は、身長１５０センチの伊藤選手、１５８センチの平野選手と比較して、１６６センチの長身である。典型的なパワー勝負を挑める体格を誇っている。身体能力も他の２選手と比較して高いと思われる。

体力と違って、身長は自分の意のままにならないものだから、高身長も、低身長もその選手の武器である。

２０１８年の中国オープン（深圳）で、早田選手は伊藤選手に敗れはしたが、３‐

4の大激戦を演じた。また、平野選手との戦績はほとんど互角だ。ここぞというときの勝負強さを身につければ、もっと強くなるだろう。

そして、他の選手から大きく離されるように見えるが、彼女自身が自分のスタイルを確立していけば大差はない。

伊藤・平野選手のピッチを圧倒できるだけのパワーはまだ備えられていないが、徹底的に自分の恵まれた身体を鍛（きた）えあげれば、もっと上に行ける。

身体能力の高い選手は、運動能力が高くて動ける分、台から下がってしまう。バックに来た球も、パッと足が出て、腰をひねって打ってしまう。それはひとえに動けてしまうからだ。ところが、運動能力がずば抜けているわけでもなく、身長も低い伊藤選手や平野選手は、身体の動きを最低限に抑え、身体の前で球をたたくことができる。

男子の水谷選手は長身ではないが、高い運動能力があるから、下がる傾向になるし、前後左右に大きく動く。それで、打点の早い張本選手に振り回される光景をよく見かけるが、ジャパントップ12では一切下がらないでプレーし、リベンジを果たした。

振り回されたとしても、動き切ることができれば勝てる。水谷選手はそういった自分の個性を十分に理解していたが、張本選手に対してはそのやり方は得策ではないと判断し、戦い方を変えて挑んだ。

丁寧選手は早田選手よりさらに高身長の１７２センチである。ピッチは遅いので、基本的にワンテンポ遅らせて対応している。

それでも以前の丁寧選手は、「ピッチ勝負でも日本選手になら勝てる」と考えてプレーしていた。それがアジア選手権大会で平野選手に敗れると、それ以降は戦術を変えてきたのである。コートの全面をカバーできる自分の高身長をフルに活かし、長いラリーを続け、低身長の日本選手が無理をしてミスが出るのを待っている。

もちろん、自分から大きな勝負には出ないとはいっても、高い身体能力からくり出される回転のかかった打球は、単純なラリーにはならない。さらに、ここぞという要所で絶対にミスをしないのが、丁寧選手のいちばんの長所でもある。

こういった例を見ると、早田選手は戦い方を考え、相手の裏をかくように身体と頭を鍛える必要があるかもしれない。

核となるスタイルができれば、そこから有効な戦術を定め、技術を磨くことも可能となる。

25歳を過ぎるころには、選手の敏捷性はどんどん落ちていく。その中で個性を活かし、核となるスタイルを確立することが重要だろう。

早田選手は、「自分がどういう選手なのか」ということを見極める必要がある。それは早ければ早いほどいい。

くりかえすが、「身体能力が高ければ有利、低ければ不利」ということではない。それぞれに見合った戦い方があるということである。

身体能力はあまり関係ないという話をしたが、握力だけはどのタイプの選手にも共通して重要である。握力の強さは回転を生み出す力でもあるから、サービスの技術力と握力は比例する。握力が弱いと、サービスのインパクトの瞬間にグッと力が入らない。力が入らなければ、ラケットに伝わる力も小さく、回転の量は少なくなる。

男子の場合、ひとつの基準として、握力45キロ以下の選手はサービスが苦手な人が多いように思う。女子の基準はもう少し低くなるが。

現在の日本男子代表とその候補選手の中で、もっとも握力が高いのは誰か。

実は15歳の張本選手である。

そのことは、サービスエースの取得数（サービスによる得点数）のデータを見れば、一目瞭然（いちもくりょうぜん）だ。張本選手はあの水谷選手よりもサービスエースの数が多い。

張本選手は若さによる高速ピッチを実践しながら、同時にパワーのある球を打てることで、他の選手にはない固有の攻撃スタイルを得ることができた。つまり、ピッチとパワーの融合である。

少し前の日本代表にいた張一博（ちゃんかずひろ）選手は、握力が他の選手よりも少しだけ弱かった。そのため、あまりサービスが得意ではなかった。彼は女子選手さながらの前陣でのテンポの速いプレーに活路を見いだして成功したが、握力が強ければ、さらにもう一段上のレベルに行けたであろう。

身体能力は生まれ持ったものもあるが、後天的に鍛えることはできる。卓球を始めたばかりの子には、日常的にテニスボールを握ってトレーニングするよう勧めている。

チキータ以前、チキータ以後

卓球は回転のスポーツだ。回転を制する者が、勝負を制する。時代を経て、打法も革新されていく。

卓球の打法の中で一般の方の耳に残るのが「チキータ」だろう。この革新的打法は、チェコのピーター・コルベル選手によって編み出された。ネット際に着地し、そのまま放っておけば、もう1回自陣コートに落ちそうな短い球に対する有効な打法である。このような短い相手の打球に対する処理を「台上処理」、あるいは「台上」という。

それまでの台上処理における攻めの技術といえば、「フリック」であった。このフリックは「払い」ともいわれ、手首を使った小さなスイングで、はじくように打ち返す。

一方のチキータは、バックハンドで球の横（右利きなら左横、左利きなら右横）にラケットを当て、横回転をかけつつ、スピードのある返球をする技術だ。その軌道がバナナのように曲がることから、バナナの代表的商標であるチキータと名づけられた。

チキータの革命的なところは3点ある。

まずはその威力だ。

それまで主流だったフリックは、あまり回転をかけずに「はじく」ものなので、そもそも相手コートに入る確率は高くない。確実に入れようと思うと、ネットの高さより球2個分くらい浮いた打点でなければならない。さらに、そこまで回転がかかっているわけではないので、返球する側も楽だった。

フリックが主に手首を使った打法であるのに対し、チキータは手首から前腕（ヒジから先）をムチのようにしならせて使うので、打球のスピードは出るし、強烈な回転もかけやすい。返球しづらく、返球されたとしても、そのコースをある程度限定することができる。

次のポイントは、対応できる局面が多いことだ。

フリックでは打点に一定の高さが必要であったが、チキータはしっかりと回転をかける技術なので、たとえばネットより低い高さに来た球であっても、擦り上げて返球できる。

そして、相手打球の回転の影響も受けにくい。たとえば、下回転の球に対してフリックで強打しようとするのは、かなり難しい。それは、球に対してラケットの真正面からとらえることになるからだ。

一方のチキータは、球の横をとらえることで、回転軸の関係から、そこまでの影響を受けることがない（このあたりは少し難しい話になるので、未経験者の方は、「そんなものか」と思ってもらえればいい）。

最後のポイントは、「読まれにくい」ということだろう。

選手たちは、相手が打つ前にどのコースを狙っているかを読まなくてはならないが、チキータは、「どのように打つか（球のどこを擦るか）が見破られにくい」ことが大きな有効性となる。

具体的には、チキータの場合、打つ直前に使うラケットの面（赤いラバーなら赤い面）が下を向くので、コースが見破られにくいのである。

というわけで、チキータが現われてからは、フリックを使う選手がほぼいなくなったといってもよいほどだ。それほどチキータは、卓球のスタンダードな技術となった。

「チキータ以前」の卓球は、サービス側とレシーブ側では、圧倒的にサービス側が有利と考えられていた。サービスは、相手の影響を受けずにくり出せる唯一の球だからだ。しかし、「チキータ以後」の卓球では、チキータによる強力なレシーブで決まるプレーが多く見られるようになった。

張本選手や樊振東(はんしんとう)選手、つまり日中の将来のエースは、いずれも一撃必殺のチキータの使い手である。

ワンパターンでは勝てない

チキータという究極の台上処理が登場して、各選手はそれぞれ工夫をこらした技術を開発するようになった。

伊藤選手はとくに変則的なチキータを武器とする。通常のチキータは球を斜めにこすり上げて、しっかりと回転を加えるのだが、伊藤選手の場合、バックハンドの面に表ソフトのラバー（141ページ）を貼っているため、回転をかけるということが用具的にやりづらい。

ではどうするかというと、擦り上げずに、ほんの少し「かする程度」のインパクトで打球する。ちょうど「かすり上げる」という表現がふさわしい。私はこれを「みまチキータ」と呼んでいる。

かすり上げることで、スピードは出ないのだが、ネット際に着地させ、相手のタイミングをうまく外すことができる。

通常の試合は速球を中心に構成されるので、このようなふわっとした遅球をときおり混ぜる戦術は、非常に効果的だ。

さらに、相手サービスの回転をそのまま残した返球になるため、相手の予測しないような曲がり方をする。

とくに９－９の競り合いの緊張した場面で、有効打として使える。

「じゃあ、レシーブは全部みまチキータにすればいいのでは」と考えるかもしれないが、あくまでも緩急をつける中で効果を持つものだ。全レシーブが同じ球質だと、トップ選手は慣れてしまい、対応できてしまう。

変則球は、さまざまな技術を織り交ぜるバリエーションのひとつと理解してもらいたい。遅球、変化球があることで、警戒した相手に対する速球も効いてくる。

一方、平野選手はスピード勝負が持ち味である。しかし、いくら速くてもワンテンポの攻撃が続けば、相手の目も慣れてくる。

確かに、誰もマネのできない圧倒的なスピードは大きなアドバンテージだ。しかしその中に、ほんの少しタイミングをずらすプレー、相手の角度を狂わせるプレーを混ぜ込むだけで、速球がより活きてくる。

緩急、変幻自在の攻撃パターンは、あらゆる球技の戦術の基本である。

野球の例を挙げると、変化球を覚えようとする剛速球のピッチャーは、フォームの維持が難しく、全体のバランスを崩すことがあるそうだ。

剛速球を投げるときと同じフォームで変化球を投げるには、かなり高度な技術がいる。同じフォームで投げないと、打者に何を投げるのかを見破られてしまうから容易に対応されてしまう。その結果、剛速球の投球フォームをいじると、肝心の剛速球の速度が落ちてしまったというジレンマにおちいる。

この場合、何も多彩な変化球を覚える必要はない。たったひとつのフォークボール、たったひとつの低速カーブがあるだけで、相手は警戒し、剛速球がさらに活きてくるのだ。速球とたったひとつの変化球、どちらが来るかヤマを張るしかなくなる。

やり慣れた攻撃パターンを変えることはたいへんな努力を要するが、こればかりは練習で習得するしかない。そうしなければ、速球派の若い選手は年を追うごとに勝てなくなる。ベテランで生き残っている投手はみんなテクニシャンである。

平野選手は、フルスイングで遅球を打つ技術を身につけなければ、徐々に勝てなくなる。身につければ、世界チャンピオンになれる。

「速球と見せかけて遅球→なんとか返すのが精いっぱい→速球」——この攻撃パターンを織り交ぜれば、相手が崩れていくのは目に見えている。

水谷選手はこういった点でもうまい。わざと回転をかけないナックルのドライブを打ってみたり、速球を出すと見せかけてあえて横回転を入れたドライブを打ってみたりと、相手を出し抜く戦術にたけている。

平野選手も水谷選手のように相手の裏をかくような戦術を使えるようになってほしい。

指導者は教えない

なぜ平野選手に戦術の幅を助言・指導してやらないのか？

卓球のプレースタイルの変更というものは、非常に高次の戦術眼を要するので、「他人から言われて、とりあえず試してみた」というレベルでは身につかない。選手個人がそのことに気づき、自発的に変えていかないと身につくものではない。

そのための研究や分析も、選手自身がやらないと意味がない。

指導者が選手を強くするのではない。選手がみずから強くなるのだ。

現在の卓球は、技術も戦術も過去とくらべて格段に向上している。

たとえば、ＹＧサーブは私の時代には存在していなかった。私もＹＧサーブを出すことができない。そうであれば、子供のころからＹＧサーブを使う選手には具体的な技術指導をすることはできない。

指導者が教えられるのは、技術や戦術ではなく、選手としての考え方や心がけである。指導とは、「指し示して導く」ことなのだから、何をやるかを教えてはならない。

私の場合、さらに練習環境を整えるという仕事がある。予算を集め、組織を運営し、練習場を確保し、現場で指導するコーチを揃え、選手たちを内外の大会に派遣する、あるいは大会じたいを運営することである。

日本代表チーム、およびJOCエリートアカデミーには現在合わせて12人の中国人コーチがいる。彼らを世界から集めてきて、日本の選手たちのために貢献してもらう。これも私の仕事である。

だから私は、「こうしなさい」とは言わない。ただ、情報や題材は提供する。若い選手たちが思いもつかない視点や発想を見せられるのは、今までの経験による年の功があるからだろう。

コーチもまた、「YGサーブの練習時間をつくらなくていいの？」と提案するだけでよい。選手が興味を示さなければ、それまでだ。選手がやると答えた場合も、懇切丁寧に打ち方を教えるわけではない。どうやって打つか、どういった局面で使うかを考えるのは選手自身だ。

たとえば選手から、「Aという相手と何度か対戦したけれど、いつもゲームの後半に何をしてくるかがさっぱりわからない」と相談されたとしよう。

するとコーチは、A選手のすべての試合からスコア8－8以降ばかりを取り出した映像集をつくって渡してやる。しかし、「ここでいっしょに見て、対策を考えよう」とは言わない。

私が男子監督をしているとき、水谷選手（彼自身は左利き）からこう相談された。

「宮崎さん、僕は左利きに11連敗しているんです。このままでは勝てません」

それを受けた私は、水谷選手が左利き選手との対戦で失点したシーンだけを編集した1時間のビデオを渡した。

それ以降、水谷選手は左利きに対する連敗がなくなり、右利きと同じような戦績になった。

自分の失点シーンをくりかえし見ることで、そこから失点パターンを類型化することができたのだ。

「また同じミスをしている。あ、まただ。これもだ」

この気づきによって新たな意識をつくることで、戦術ができてくる。こうした作業は他人にはできない。言ってしまえば、観察眼や気づき方のようなものも、その人だけに備わった個性なのである。この個性が最終局面において強さの元となる。コーチが「ほら、ここを見なさい」と言って指導・育成できるものではない。

1から10まで指導者やコーチが教えてやっていたのでは、選手は成長しないどころか、依存心が芽生える。卓球に限らず、「Bコーチが辞めるんなら、私も辞めます」という選手は多い。自立心のない選手は成長しない。しかし日本には、選手たちに教えすぎる指導者が少なくないのである。

天才型のコーチは不要

コーチは選手にもっとも近い存在だ。私が彼らに求める資質は、まじめさである。中国人コーチを多く雇っているのは、彼らから中国卓球の技術を得たいからではない。わざわざ日本まで来てやってくれる外国人は、結果としてまじめな人が多いからである。

卓球の選手というのは、たとえ最初はどんくさい子であっても、毎日の課題を地道に取り組んでいけば、必ず上達する。天才的なセンスや高い運動能力は一時性のものだから、10年後も維持されているという保証はない。私は、「成長できる子かどうか」、「変われる子かどうか」だけを見ている。

だから、彼らに寄り添うコーチも、天才的なセンスや高度な指導技術を持ち合わせている必要はない。

おもしろいことに、ダメなコーチは、選手のもとに来たかと思うと、一方的に話し、終わるとまたどこかへ行ってしまう。一方、できるコーチは、ずっと選手のそばにいて、ただ見ている。

コーチの仕事は、選手の練習中はずっとそばにいることだ。そして、「よい変化はあるか」、「新しい課題はあるか」、「身体の不調はないか」、「練習に身が入っているか」というように、選手の心身の状態を細やかに観察する。それには毎日、しっかり選手を観察して、前日との違いを見極めなくてはならない。

そして観察した結果、ときには励まし、問題があれば休ませ、また正常な状態に誘導してやれる人でないと任せられない。

いわば親心のようなものだ。「スマホに夢中、おしゃべりに夢中で、わが子はそっちのけ」では、子供を任せられないのである。

実は卓球は瞬発力のスポーツではない。持続力のスポーツだ。集中力、継続する力が途切れたほうが負けである。それは試合の中だけの話ではない。練習や日常生活で持続力が負けている選手は、試合でも負ける。

つまり、選手にレベルの高い練習をおこなったとしても、それを止めて1週間もたてば元通りだろう。継続してレベルの高い練習をおこなわなければ強化にはならない。この継続により、精神力や集中力を養うことができる。

選手だけでなく、コーチに関しても、こういった考えを支持し、実践できる人材が必要である。短時間で何かを教えるというよりも、継続して選手に寄り添うことができる人をコーチとして招きたい。

選手の心に付き添うメンタルトレーナー

現在、ＪＯＣエリートアカデミーには７人の選手が在籍するが、それに対してスタッフとコーチは24人もいる。たいへん充実したサポートを受けられるわけだが、その24人中の半分は卓球未経験者である。

フィジカルトレーナーは筋力をつける専門家。アスレティックトレーナーはケガの予防や早期回復をサポートする専門家。理学療法士もいる。こういった人たちは卓球経験者ではない。卓球ができることより、その分野のプロフェッショナルであることが重要だ。

そんなスタッフの中に、メンタルトレーナーがいる。各競技団体の中で、メンタルトレーニングの専属スタッフを雇(やと)っているのは、卓球だけではないかと思う。

彼らの役割は、必ず月に1回1時間程度、選手と話す機会を持つというものだ。小難しいことを話すわけでなく、ごく普通の会話である。

「大舞台で実力を発揮するためのメンタルの持っていき方」といったものがあるわけでもない。それは選手個々の問題だ。ではいったい何をするのか。

たとえば、「コーチが怖い。フロアに入ってくるだけでビクッとするし、後ろにいるだけでドキドキする。とても集中して練習できない」という悩みを抱えた選手がいたとしよう。そんなときは、メンタルトレーナーを呼び出し、そっと相談すればよいのである。他のスタッフやコーチに知られることなく、集中力を高めるためのアドバイスを受けられる。

あるいは、「気になる子がいて集中できない」、「親とケンカをしていて気がかりだ」といった理由でもいい。ようするに、学生なら学業と卓球のことだけを考えればいいのだから、それ以外の要因で気力や集中力が妨(さまた)げられているのであれば、そういった要因は取り除いてやる必要がある。

もし、悩みそれ自体が解決できなかったとしても、話を聞いてくれる人がいるだけで選手の心は軽くなる。孤独な戦いに挑む若い選手たちの心の支えになるのが、メンタルトレーナーだ。

ちなみに、２０１７年にもっとも多くの相談を申し出た選手は、87回である。およそ4日に1回相談していることになる。この選手はたいへんタフな1年を送った。選手が成長し、次の段階の壁に当たるとき、いつも以上にギリギリの心理状態で勝負している。そんなときにメンタルトレーナーが大きな支えになっていた。

世界大会のテレビ放送で試合の直前までスマホをいじっているところが映し出され、視聴者からクレームが来たことがあった。

それは大きな誤解で、その選手は試合会場でゲームに興じているわけでも、友だちに連絡をとっているわけでもない。もちろん、私たちはそれを認めるはずがない。試合が始まる直前までメンタルトレーナーとＬＩＮＥでやり取りをしていたのだ。

たとえば、

選手「今、心臓が飛び出しそうです」

トレーナー「深呼吸を5回して。ダメなら背伸びをして」
選手「全然変わりません」
トレーナー「もう一度、ゆっくり、くりかえしてみて」
選手「ふう……、だいぶ落ち着いてきました」
トレーナー「そうです。あなたは実は落ち着いているんですよ」
選手「あ、試合だ。そろそろ行きます」

メンタルは形がないものだ。そのトレーニングに特別なカリキュラムがあるわけでもない。教えるものはない。ただ、寄り添うのである。
メンタルトレーナーが選手をひとたび試合に送り出せば、あとは選手個人のメンタルだけが勝負になる。結局は、本人のメンタルである。

水谷選手と張本選手の対戦がおもしろい理由

水谷選手は国内では不動の王者だった。全日本選手権で2006年度（開催は200

7年1月）から2017年度（開催は2018年1月）までの12回中、実に12回とも決勝の舞台まで進み、うち9回の優勝を誇る。最高で5連覇したのち、いったん途切れてまた4連覇。まさに圧倒的な強さだ。

その王者の地位を脅かすのが張本選手である。

彼は中学1年生でJOCエリートアカデミーに入校すると、その年、18歳以下の頂点を決める世界ジュニア選手権で史上最年少優勝を果たした。そして学年は変わるが、まだ13歳のときに史上最年少で世界選手権の日本代表に選ばれた。

その2017年の世界選手権で、2回戦の相手は水谷選手だった。多くの人は、「若い才能が同士討ちによって早々に姿を消してしまうのか」と残念がった。しかし、張本選手は4－1で水谷選手に快勝してしまうのである。この大会では史上最年少でベスト8という栄誉を勝ち取る。

年が明け、卓球ファンが待ちに待った全日本選手権の日が来た。両選手は順調に勝ち上がり、決勝の舞台でふたたび対峙する。

張本選手も上り調子であったが、全日本選手権は水谷選手の舞台である。幾多の魔物が住むといわれるこの大会を誰よりも知り尽くした男が、水谷である。

しかし、そこでも張本選手は４‐２で勝利した。しかも、ゲームカウント以上に張本選手が圧倒的優位に立った試合運びだった。彼はそのまま史上最年少優勝を果たす。

試合後のインタビューで水谷選手は、「今日の彼のプレーが、特別調子がよかったというわけでないとしたら、僕は一生彼に勝てない」とまで言った。

そんな２人が、全日本選手権からおよそ１カ月後、ジャパントップ12の決勝の舞台でふたたび相まみえることとなった。この大会は１９９６年から開催され、文字どおり日本選手で実力のある男女各12選手が国内ナンバーワンを競う。

水谷選手は２度も圧倒された相手に、みごと返り討ちを果たした。張本選手相手に４‐２で勝利したのだ。

現王者と将来の王者の対決は、国内屈指のカードである。このカードがおもしろいのは、最高の技術がぶつかり合うだけでなく、コース取りが異なるところにもある。

水谷選手は左利きで、中・後陣を使う選手である。

水谷選手は左利き、張本選手は右利き

デモンストレーションをする水谷選手（奥）と張本選手（手前）。利き手の異なる2人は卓球台の同じ側で構えている

写真・共同通信社

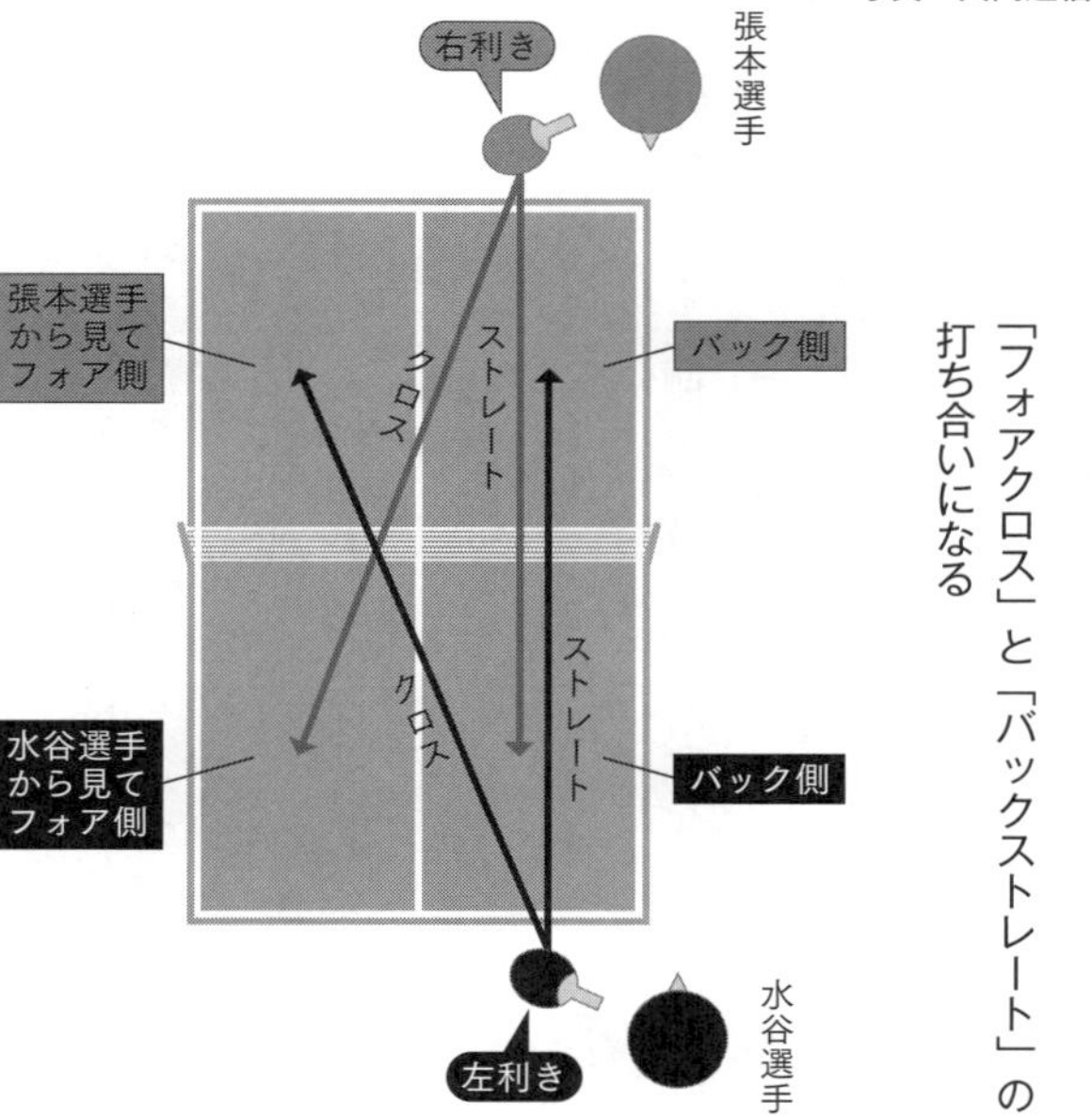

「フォアクロス」と「バックストレート」の打ち合いになる

一方の張本選手は右利きで、前陣を使う。

まず利き手の違いから見ていこう。両選手の基本的な立ち位置をあらわすと前ページの図のようになる。

卓球台の真ん中には縦にラインが引かれている。左利きなら向かって右側、右利きなら向かって左側に構えることになる。すると、水谷選手と張本選手はちょうど向かい合うような形で立つことになるのがわかるだろう。

〈フォアとバック〉

台に引かれた縦のラインを境に、左利きなら左側をフォア側、右側をバック側と呼ぶ。右利きなら右側がフォア側、左側がバック側である。

フォア側からのクロス、つまり台の対角線の方向へのコースを「フォアクロス」、逆にバック側への対角コースを「バッククロス」と呼ぶ。

一方、対角ではない真っすぐのコースを「ストレート」と呼ぶ。

クロスコースのほうが距離が長いぶん、打ちやすく返しやすい。

ストレートコースは距離が短いので、クロスより入れるのが難しい分、入ったときの得点の可能性は高くなる。

コースのフォアとバックがあれば、打法のフォアとバックもある。

ラケットを持つ手の方向（右利きであれば右方向）に来た球を打つ腕先のフォームが「フォアハンド」だ。これとは逆に、利き手とは反対側（右利きであれば左方向）に来た球に対し、腕を折りたたんで打つフォームを「バックハンド」と呼ぶ。また、正面に来た球もバックハンドを使って打ち返す。

使用しているのがシェークハンドのラケットであれば、フォアハンドで打つときはフォア面を、バックハンドで打つときはバック面を用いる。

卓球の試合中継実況では、コースと打法のフォアとバックが入り乱れているので、未経験者は混同しないように注意してほしい。

たとえば、「バック側でフォアハンドを打つ」と言えば、台に回り込んでフォアハンドを打つ形になる。その反対に、「フォア側でバックハンドを打つ」場合は、139ページの写真のような持ち手になる。近年は、レシーブ時など、フォア側の球をバックハンドでチキータする技術がスタンダードになっている。

〈プレー領域〉

ついでに、プレー領域の話もしておこう。

台に対して左右の軸で考えるのがコースだが、これを前後の軸で考えるのが「深さ」や「長短」と呼ばれるものだ。「長い」、「深い」といえば、グンと伸びてくる球を示している。

これを選手のプレー領域に置きかえると、台上、前陣、中陣、後陣といった言葉で表現される。

まず一般的にいって、相手に強打されないためには、短い（ネット際ぎりぎりに落ちる）サービスから始めることが多い。このまま球が進めば、相手コートで2バウンドするような打球である。こういった球には「台上」の処理をおこなう。

それをツッツキやチキータなどのレシーブによって、「相手コートで1バウンドして台から出る」球で返せば、受ける選手は台からごく近いスペース、つまり「前陣」

でプレーする。パワーのない女子選手は、基本的にこの前陣が主戦場となり、速いピッチの打ち合いが多くなる。

一方、男子選手などで多く見られる、ラリーが続くにつれて台から少し下がり、ダイナミックな打ち合いを演じる領域が「中陣」である。

そして「後陣」は、さらにその後方に位置し、球を天井近くまで高く上げて粘る「ロビング」や、相手の強打に対して下回転をかけて返す「カット」といった技術を見せる領域だ。カットを主体とする「カットマン」や、水谷選手などがこの後陣のプレーを得意にしている。

カットマンについて説明をしておこう。

通常の打球は、卓球台の近くからドライブ回転、つまり前進回転をかけるものが多い。それに対し、カットマンは中・後陣に下がり、バックスピン（下回転。後退回転、逆回転ともいう）をかけた球、「カット」を打つ。

これを台の近くからひたすら打ち返すのが「カット打ち」であるが、カットマンの数が少ないことで、このカット打ちを不得意とする選手が多い。まだパワーのある選手は打ち抜くことができるが、パワーのない選手は苦戦を強いられる。というわけで、カットマンの比率は、パワーのない女子選手のほうが高くなる。

以上、プレー領域の選択や、フォアハンドかバックハンドかといった違いは、選手個人によって得手・不得手が出てくる。いかに自分が得意なことをして、かつ相手には苦手なプレーをさせるかが重要になってくる。

つまり、張本選手は水谷選手に前陣でプレーさせ、一方の水谷選手は張本選手に対し、長い球で中・後陣に押しやって前に出てこさせないことがセオリーだ。もっともこれは「セオリー」にすぎない。

異なるプレースタイルの激突だけでなく、キャリアのある選手が若い選手を追う立場になったのだから、卓球の勝負の醍醐味が満載（まんさい）の好カードとなった。

大胆な戦術変更

張本選手の武器はなんといっても、強烈なバックハンド攻撃である。彼のバックハンドは他の選手とくらべて圧倒的に打点が早い。バウンドした球が落ちてこない位置ですばやく速球を打つので、相手は追いつかない。

一般的にクロスに打つほうが、長い球を打てるので安定感が増すとされる。すると、張本選手のバックハンドで簡単なクロスに打った球は、左利きの水谷選手のフォア側に飛んでいく。より長い球を打ってやれば、ガラ空きのコースへ逃げていくように飛んでいくため、水谷選手はいっぱいまで手を伸ばして受けなくてはならない。

しかも張本選手のバックハンドは打点の早さゆえ、十分な体勢で返球しづらいから、次の返球に備えて水谷選手は台から離れた中・後陣に構えなくてはならない。

もっとも、水谷選手は台から下がってのプレーを得意とするから、粘ることはできる。しかし前の試合では、中・後陣から張本選手を崩すような展開に持っていくことが、なかなかできなかった。どうしても張本選手のピッチに負けてしまい、前後左右に振り回される。そうやって体力を消耗（しょうもう）してしまう。

このとき、水谷選手はみずから中・後陣の勝負を構成したのではなく、相手によって中・後陣を選択させられていた。「している」と「させられている」の違いは大きい。相手選手は、中・後陣のプレーをする水谷選手を徹底研究するから、得意なプレースタイルをやれば勝てるというものではない。

水谷選手は、ジャパントップ12の決勝戦で戦術を変更した。

まずはサービス。張本選手が得意とするチキータを封じるため、純粋な下回転のサービスを徹底した。チキータは手首を使って強烈な回転をかけるのだが、下回転の球を打ち返すのは難度が高い。

サービスを出すコースも張本選手のフォア側を中心に攻めた。十分な体勢でバックハンドを打たせないためである。

次にレシーブでは、積極的にチキータを採用していった。以前の水谷選手は、チキータを得意としてこなかった。相手サービスの回転を見極めて、ネット際に短く落とす「ストップ」という技術を中心に試合を組み立ててきた。

そこで裏をかいたのだ。張本選手は、いつもどおりストップで来るのか、それともチキータが飛び出すのか、そのたびに判断しなくてはならず、的をしぼった準備ができきなくなる。いわゆる「待ち」を揺さぶることができる。

ラリーでも大きな戦術変更をした。中・後陣を得意領域とする水谷選手がみずから前陣に張りついたのだ。とはいえ、前陣勝負では張本選手のピッチに敵わない。水谷選手は、ほぼすべてカウンター（相手の攻撃を受けずに打ち返す）で狙いにいくという、ハイリスキーな戦いを挑んだ。それが功を奏したのである。

水谷選手はこれまで、負けた相手にリベンジを挑む場合も、自分のプレースタイルを貫いてきた。彼一流の卓球道、美しい卓球の追求だ。しかし、このときの水谷選手は、自分らしい卓球をいったん横に置き、勝利を優先した。これは強い相手に対する敬意の表現でもある。

よほど過去2回の負けが悔しかったのだろうという見方もあるが、「まずオレを完全に倒してからだ」という勝負師らしいやり方で、あえて壁となり、世界チャンピオンへの道を歩む張本選手の門出を祝ってやろうと考えているのかもしれない。

水谷選手の指導者としての資質もうかがわせるが、「いや、まだまだトップは譲れない」というトップの矜持も示した。水谷選手は張本選手という好敵手の登場によって、この新たな勝負を楽しんでおり、試合巧者として一段と成長する機会を得たのは事実である。

Wエースの次の対戦から目が離せない。

バックハンド技法によって高速化

サッカーが地域によって戦術の違いがあるように、卓球も地域によってプレースタイルに違いがある。

伝統的なヨーロッパのスタイルといえば、「両ハンド型」である。フォアハンドとバックハンドの両方をバランスよく使うプレースタイルだが、卓球未経験者からすると、「それって普通なんじゃないの?」と思われるかもしれない。

しかし実際は、フォアハンドで打つほうが多い。なぜならフォアハンドには、

・ストライクゾーンが広い(打球点を下げても、球が身体より後ろに来ても打つことができる)

・身体全体を使えるので、より威力のある、回転のかかった球を打てる

・手首を大きく使えるので、カーブやシュートを打ちやすい

という利点がある。

これらをふまえて、できるだけ足を使って動き回る。逆側に球が来たときは回り込み、コート全面をフォアハンドで打つ、「オールフォア」というのが、アジアの伝統的なプレースタイルであった。

とくに韓国は、このオールフォアの選手育成に成功し、キム・テクス選手（金擇洙、バルセロナオリンピック銅メダリスト）やユ・スンミン選手（柳承敏、アテネオリンピック金メダリスト）などが大活躍した。

一方のヨーロピアン・スタイルは台の中央にどっしりと構え、あまり動かずに、フォアハンドとバックハンド両方を使って処理するスタイルが主流だ。

これを実現するためには、バックハンドの技術をかなり高める必要がある。往年の選手では、ギリシャのクレアンガ選手やセルビアのカラカセビッチ選手など、バックハンドの威力がフォアハンドと同等、あるいはフォア以上という猛者（もさ）もいる。

バックハンド技術の最前線をその目で見るため、現地に飛び立ったのが、岸川選手などの「欧州組」だが、その経緯については4章で述べる。

彼らがヨーロッパで技術を学び、伝統のバックハンドを取り入れて、日本に持ち帰ったおかげで、日本の技術レベルは大きく向上した。バックハンドは身体の前で打つから、フォアハンドより早い打ち出しが可能になる。高速プレーも可能になるのだ。

シェークハンドで両面裏ソフト

未経験者のためにラケットの話もしておこう。

「シェークハンドで両面裏ソフト」——知らない人には、なんのことだかさっぱり見当もつかないが、これが現在のトップ選手にいちばん多いラケット本体とラバーの組み合わせである。

まずラケットの本体には、ペンホルダーとシェークハンドの2種類がある(写真)。

ペンホルダーは文字どおりペンを握るように持ち、片面にラバーを貼った、いわゆる昔ながらのラケットである。温泉場に置かれているラケットのイメージは、この片

ラケットの種類と持ち手

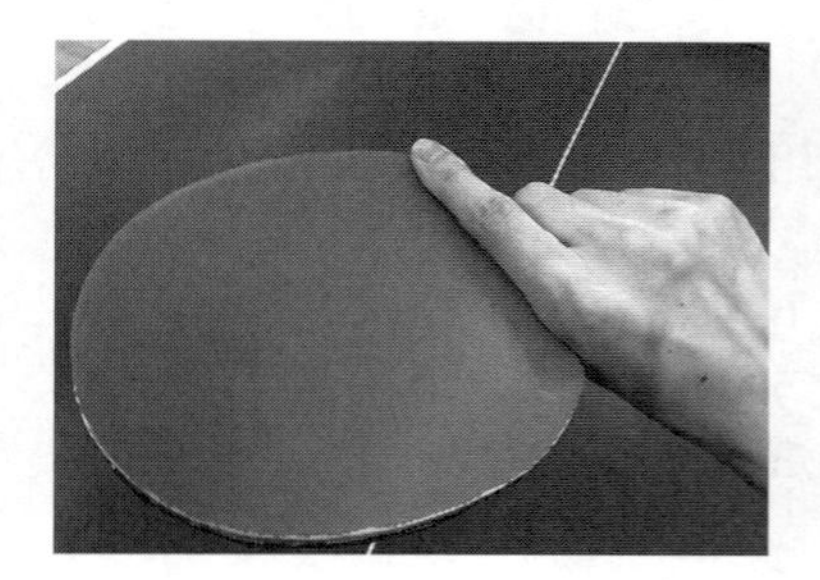

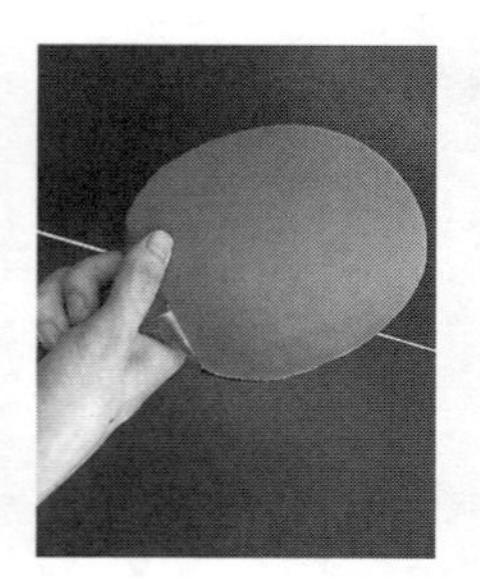

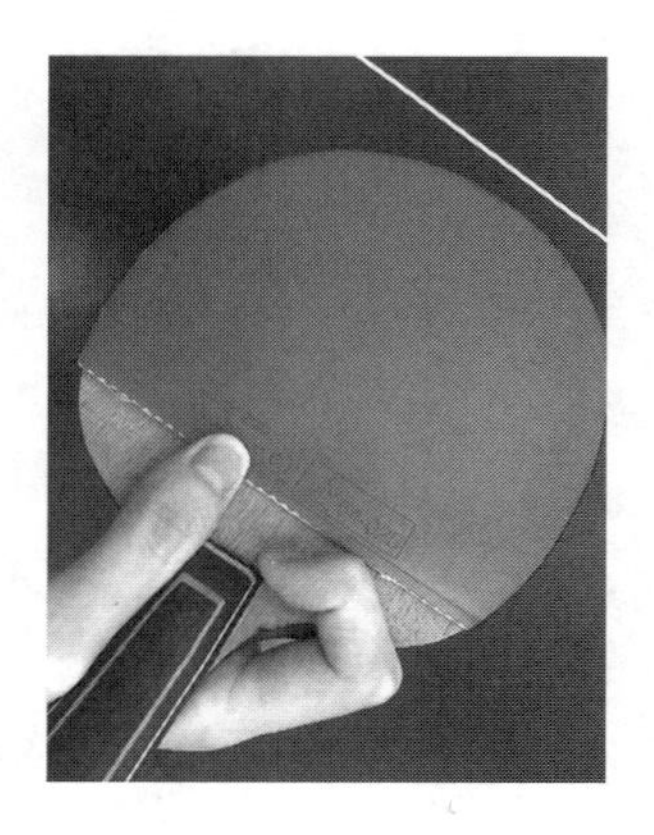

左上　シェークハンド
　　（バックハンド面）

右上　シェークハンド
　　（フォアハンド面）

左　　ペンホルダー

面のみにラバーを貼ったペンホルダーだろう。

このタイプのラケットは手首を動かせる範囲が広く、サービスで回転をかけることや、台上での細かいテクニックがやりやすい。

弱点としては、バックハンドで威力のある球を打つのが難しい。バックハンドは現代卓球で主要な技術である。ただし、従来はラバーを貼っていなかった面にもラバーを貼る「裏面打法」の登場で、この弱点は完全にカバーされていた。

かつてアジアではペンホルダーの選手が主流であったが、2000年ごろからは「ペンホルダーなら裏面を使う」がスタンダードになった。現在、片面のみのペンホルダーを用いるトップ選手はほとんど見かけない。

ちなみに、オールフォアのキム・テクス選手やユ・スンミン選手は、いずれもこの片面のペンホルダーを使っていた。

一方のシェークハンドは、こちらも文字どおり握手の要領で握るタイプのラケットで、両面にラバーが貼ってある。

シェークハンドの利点はより柔軟なプレーができることだろう。バック側のプレーで無理のない姿勢からラケット角度を出すことができ、威力のあるバックハンドも振りやすい。カットマンであれば、必ずシェークハンドのラケットを使う。

卓球愛好家にはペンホルダーは一定数いるが、世界のトップはシェークハンドが9割を占める。とくに女子でペンホルダーを使いこなす選手は数えるほどしかいない。

次に、ラケットの面に貼るラバーだが、その種類はさまざまある。プレースタイルによって、それぞれに適したラバー選択があるが、主なものは次の3種類である。

・裏ソフト
・表ソフト
・粒高（つぶだか）

このうち、もっとも多く使われているのが「裏ソフト」である。写真を見てもらえばわかるように表面がなめらかである。球に回転をかけて打ち合うドライブが現代卓球の主戦法なので、それに適した裏ソフトを選ぶ人が多くなる。

それに対して「表ソフト」は、表面に小さな粒がたくさんある。裏ソフトとくらべて球との接地面が少なくなるため、相手打球の回転の影響を受けにくく、レシーブなどで有利とされる。

もっとも、こちらから回転をかけるのも難しくなるのだが、相手の回転をそのまま残した返球ができる。また、ナックル（無回転）を使うのに適し、前進回転のかかったドライブではなく、回転のあまりないスマッシュが決め球となる。裏ソフトに慣れた相手には対応しづらい。

最後の「粒高」は文字どおり表面の粒々が高い。回転もほとんどかからず、威力のある球を打つこともできない。

では何のメリットがあるのかというと、相手の打球の回転を利用して、逆回転を生み出すことができる。たとえば、相手の前進回転のドライブを粒高で返球すると、下回転（バックスピン）になって返っていくのだ。

とはいえ、このラバーで勝つには特殊な技術を要するため、選択する人は少ない。カットマンがバックハンドの面に使用するケースがほとんどである。

ラケットに貼るラバーの種類

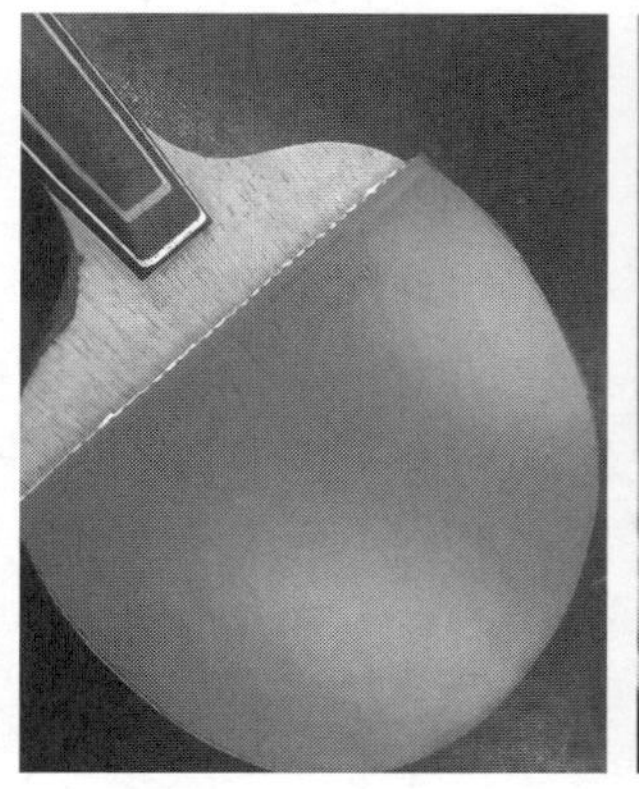

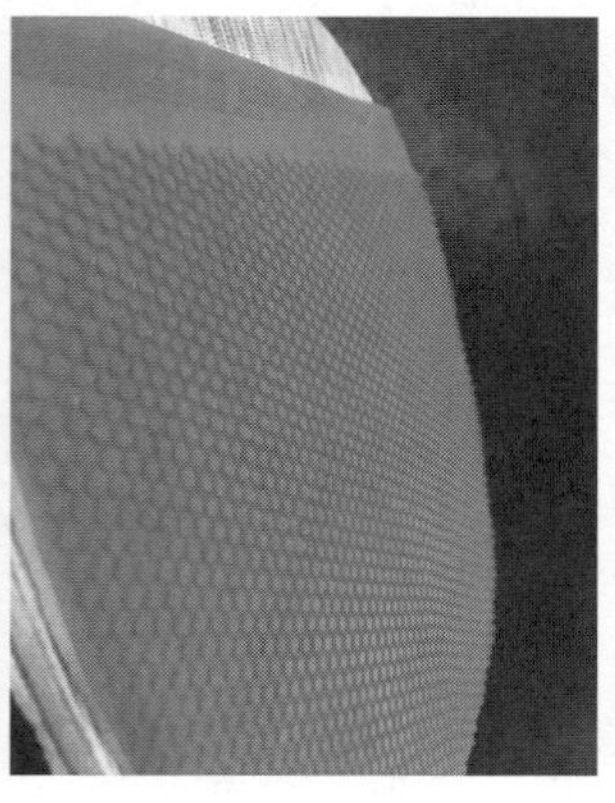

左上　裏ソフト
もっとも一般的

右上　表ソフト
伊藤選手が用いる

左　粒高

このように選択の幅、組み合わせのバリエーションも相当数となるが、どうしても強い選手と同じものを使いたくなるのが心情だろう。したがって、時代による流行(はやり)すたりが出てくる。

現在、日本では、水谷選手、張本選手、丹羽選手、石川選手、平野選手、早田選手、中国では馬龍選手、樊振東選手、林高遠(りんこうえん)選手、丁寧選手、劉詩雯選手、朱雨玲選手、陳夢選手、王曼昱選手、韓国ではイ・サンス選手、チョン・ヨンシク(鄭栄植)選手、チャン・ウジン(張禹珍)選手、台湾では鄭怡静(ていいせい)選手、ドイツではボル選手、オフチャロフ選手などが、シェークハンドのラケットに、フォアハンド面とバックハンド面とも裏ソフトを採用している。

つまり、カットマンではないトップ選手のほとんどが、「シェークハンドで両面裏ソフト」である。

その中にあって、許昕(きょきん)選手がペンホルダー、伊藤選手はシェークハンドだが、ラバーは両面裏ソフトではなく、片面(バックハンド)に表ソフトを貼っている。

とくに伊藤選手のように表ソフトを使う人は少数派だ。くわしくは述べないが、あえてバックハンド面に表ソフトを用いることで、彼女の多彩な戦術、独特なプレースタイルが編み出されている。

トップ選手には、こだわりが必要だ。「右に倣え」ではなく、ライバルとは違う選択をあえてすることで、独自の生き残りを模索する頭脳派が日本にいるということは、実に頼もしい。

その2　ルールは誰のためにあるか

トップ選手の試合はラリー合戦にならない

観客は長いラリーが好きだ。「これぞ卓球の醍醐味だ」と思っている方が多い。

５往復、６往復とラリーが続いて、ついに両選手が後陣に構え、床面スレスレをすくい上げた打球が相手コートに達すると、会場からは「ウォーッ」と声が上がる。外れると「アーッ」と溜息がもれる。

たいていのトップ選手はラリーを続けようと思えば、何百往復でも続けることができる。いつもそういう練習をしている。

当然ながら、選手たちが試合でラリーを続けようと思って打つことはない。ラリーが続くうちに会場がどんどん盛り上がり、それに乗せられてしまうことはあるが、一発で勝負を決められるのであれば、それに越したことはない。長いラリーの勝敗は不確定な要素が強いし、負けるとそれなりにダメージも残るものなので、できれば早期決着を図りたいというのが、選手の本音だろう。

正確な統計を出したわけではないが、ほとんどの得点は、サービス（1球目）かレシーブ（2球目）までに決まる。3球目までを含めると、これで全得点の8割くらいは決まっているのではないだろうか。

そのわずか数秒の勝負に卓球のおもしろさを見いだしてもらえればと思うが、観客は長い勝負を求める。

ラリーを続けるうちに選手の動きは大きくなる。その見た目の派手さで盛り上がるわけだが、選手の側から見れば、ラリーが長くなるのは、それだけ双方に決め手がなかった結果だと言いかえることもできる。野球にたとえると、ファウルが永遠に続く、いわば膠着(こうちゃく)状態である。

かつての卓球の試合では、サービスを打つとき、手元を隠すのが一般的だった。すると回転やコースがまったく予測できなくなるから、サービス権を持つ側が圧倒的に有利である。サービスで決まる（サービスエース）か、満足なレシーブができず、なんとかコートに返ってきた球を3球目で決めるといったパターンが多かった。

しかし、トップ選手の卓球は見ている人のためにやっているのも事実だ。自分たちの道を究(きわ)めるためだけにやるのであれば、小さな部屋に数人のマニアを集めてやればいいという考え方もできるだろう。観客を盛り上げるプレーは、勝負と同じくらい大切ということになる。

勝負が早すぎると盛り上がらないという理由から、国際卓球連盟はくりかえしルール改正をしている。

まず、「サービス時に手元を隠してはいけない、球を見せなくてはいけない」というルール改正があった。そして次に国際連盟が目をつけたのは、使用球の変更だった。

まず２０００年のシドニーオリンピックから球の直径を38ミリから40ミリに大きくすることが決められた。

球が大きくなると、空気抵抗が増える。打球の速度は落ち、回転もかかりにくくなる。返球ミスは減り、結果としてラリーが続くようになるという見込みであった。

しかし、選手の打法の技術進化・革新によって、「長いラリー」は思うように進まなかった。さまざまなサービスの技術が開発されるようになった一方で、チキータの普及がレシーブの成功率を高め、サーブ・レシーブの段階で決まる勝負が増えていく。

すると今度は、２０１４年に使用球の材質をそれまでのセルロイド製からプラスチック製に変更されることが決まった。これはセルロイドが発火の危険のある物質だったからだが、その危険性はなくなった。しかし、プラスチック製への変更によって、球速・回転の量とも、さらに落ちてしまう結果となった。

ルール変更は全体の利益（卓球の競技者や観客が増えること）のためにおこなわれるも

のであろうが、一部の選手がその犠牲となる。丹羽孝希選手も、そのひとりだと思う。

プラスチック製の球になったことで、彼は、得意技のチキータに以前ほどの威力を出せなくなった。よって、チキータを出すタイミングで、ストップに逃げてしまい、簡単に返されるという悪循環におちいってしまった。

勝負ごとのセオリーからいうと、この選択は正しくない。Aという技術が通用しなくなったからといって、これより難度の低いBの技術に置きかえたところで勝てるはずがない。Cというまったく新しい技術を試すか、Aをよりアップグレードに仕上げるか、対応策はこの2つしかない。

丹羽選手は世界一のピッチを持っている。なにより、これを活かさないのはもったいない。もったいないというより、選手として生きていくための最大の武器は使うべきである。

もし、チキータに不安を感じているのであれば、それをあえて相手に狙わせてもよいのである。そして、返ってきたところをしとめる戦術をいろいろ工夫する。得意技を「おとり」に使うのだ。

これも、ピッチという大きな武器があるからこそ、できることだろう。そこには自信を持ってほしい。球の材質が変わったからといって、あえてスローな展開で臨んでも、勝てるはずがない。

まず、自分がどういう選手であるかをもう一度、よく考えてほしい。

そうすれば、プレースタイルをうまく変更し、大きな問題を解決することができるだろう。

プラスチック球は採用から4年がたち、性能がよくなっている。以前のものより硬さもセルロイド球に近づいており、従来のプレーができる環境が整いつつある。

このように、ルール改正と選手の技術進化・革新、戦術変更のいたちごっこは、今後も止(や)むことがない。

そして、この変化から新しい勝者が出現し、敗者が押し出される。ルールが変わるときは、新しい技術、新しい戦術が生まれるチャンスでもある。「自分がその先駆者になろう」というくらいの気概を持ってほしい。

テレビ中継に合わせてルール改正

使用球の変更の話をもうひとつすると、みなさんは卓球の球といえば、何色を浮かべるだろうか。「白とオレンジ」と即答するのは国内の卓球愛好家である。実は、世界大会ではホワイトボールの使用しか認められていない。

オレンジボールが世界大会の公式球として使用されていたのは、わずか4～5年の期間にすぎない。これは1989年当時、国際卓球連盟の会長だった荻村さんが提案して実現させた経緯がある。

なぜ、それまでの白をオレンジにしたのかといえば、見た目である。

それまで、世界大会の公式ユニフォームは単色で、しかも濃い色しか認められなかった。ホワイトボールが相手選手に見えやすくするためのルールだから、もちろん白のユニフォームも使えない。ビジネスホテルの館内着のような単調なデザインしかなく、「卓球のユニフォームはダサい」と評判が悪かった。

使用球がオレンジになっただけでなく、卓球台は青色に、マットはえんじ色に定められた。この色の組み合わせが、テレビ中継でいちばん映えるからだ。なじみのある緑の卓球台は、テレビだと黒く映るから、「暗い」と不評だった。ユニフォームもオシャレになった。地味だった卓球の「カラフル化」である。

ところがここで問題が起こる。当時はまだ普及の段階にあった卓球にあって、使用球の変更は大きな妨げとなった。「せっかくホワイトボールを揃えたのに、それを全部破棄してオレンジに変えなくてはならないのか」と、たくさんの国から不満の声が出たのだ。

荻村さんが亡くなると、オレンジボールはまた白に戻されたが、青い卓球台、えんじ色のマット、カラフルなユニフォームはそのまま残った。

21点制から現行の11点制への変更も、荻村会長時代の日本の提案である。11点制であれば、1試合30分程度（ただし5ゲーム制）で収まる。これによってテレビ中継が容易になった。1試合が1～2時間に及ぶと、CMが入れづらく敬遠されていた。

そう考えると、国際卓球連盟の「長いラリー」化戦略は、時代の流れに逆行しているようにも思われるのだが、いかがだろうか。

国際卓球連盟ルールの大きな矛盾と戦う

国際卓球連盟が定めたルールを語るうえで欠かせないのが、サービス時の不正行為、前述したボディハイド問題だ。サービスをするときに、もう一方の手（フリーハンド）や肩などを使って打球点を隠す行為の禁止である。

2002年に禁止されて以来、あからさまなものはなくなったが、それでも微妙なラインの不正が横行（おうこう）している。審判によって基準があいまいなため、不正をやろうと思えば、いくらでもやれる。

なぜ基準があいまいになるのかといえば、ルールがあいまいだからである。身体で打球点を隠させないようにしようと思えば、高くトスさせればいい。

ところが、国際卓球連盟が定めたルールは、「サービスのトスは16センチ以上、上げなくてはならない」や「トスは垂直に上げなくてはならない」といった程度のものだから、不正はなくならない。

「16センチ以上」といわれても、いちいち審判がメジャーを合わせて測るわけではないし、守っていたとしても、16センチは身体の中に収まるサイズである。身体の中に収まってしまうのであれば、隠しようはある。

そこで、私が提唱したいルールは、

「サービスのトスは、頭の位置より高く上げなくてはならない」


である。頭の上に球が来れば、身体の一部たりとも使うことができない。それでもなお打球点をわかりにくくすることができる選手がいれば、技術として認めてやればいいと思う。トスを垂直に上げているかも細かく見る必要がなくなる。審判はシンプルに「球が頭の上に見えるかどうか」を確認しさえすればいい。

この提案は以前から日本卓球協会に申し出ているのだが、残念ながらまだ議論には至っていない。私は卓球を「誰が見ても納得のできる、楽しく公平な競技」にしたいと考えている。サービスルールのクリーン化は必須の課題であると思う。

それに、サービス側を有利にさせるということは、サービスエースで勝負が決まりやすいということだから、国際卓球連盟が求める「長いラリー」化と矛盾する。

不正行為に勝つ

もうひとつ重要なのが、接着剤問題である。

未経験者はご存じないだろうが、最初からラケットにラバーを貼ったものが売られているわけではない。ラバーは自分たちでラケット本体に接着剤を使って貼るのである。この接着剤と接着補助剤が不正を生んでいる。

まず接着剤であるが、国際卓球連盟は２００８年から有機溶剤を含む接着剤の使用を禁止している。前年に日本で、シクロヘキサンを含む接着剤を使ってラバーを貼っていた人が中毒症状で重体になるという事故が起こった。この事件を受けての禁止ルールである。

シクロヘキサンはトルエン化合物で、いわばシンナーと同類である。身体に有害という理由から、現在は水溶性の接着剤しか認められていない。

なぜ接着剤に有機溶剤が使われるのかといえば、本来は貼りやすくするためのものである。プラモデルをつくっていた方ならわかると思うが、あれはシンナーを含む接着剤がプラスチックでできたパーツの表面を溶かして接着する。

ということは、これと同様のものをラケットのラバーに塗れば、ラバー接着面が溶けて、まったく別の材質に変化する。それが強い反発力を生むことを選手たちは経験則で知っていた。

反発力が強まれば、打球の速度は上がり、回転の量も増える、つまり、球の威力が相対的に増す効果を生む。それで、2008年までは当たり前のようにして使われていたのである。

有機溶剤を含む接着剤が厳禁されたことで、普及したのが接着補助剤、つまりブースターだ。

国際卓球連盟のルールでは、「ラケット（ラバー）は、人体に危険で不健康なものと認められる、いかなる物理的な、科学的な加工、もしくは他の加工をせずに用いられなければならない」と定められている。

このルールでは、「人体に危険で不健康なもの」と認められないブースターは使用可と解釈することもできる。そして実際に、連盟はこれを黙認してきた。

ラケットから揮発性の高い有機溶剤の成分を測定する機械はあるが、揮発性の低い物質を用いれば検出されない。ただ実際問題として、ブースターを使ったラケットの打球音は明らかに異なるし、そのラバー面を目視（もくし）するだけでもブースターを使っているのは一目瞭然である。

なぜ、互いの選手が納得できる用具で戦えるよう、確認させないのか。

日本は何度もこの問題を訴えてきた。ブースターの使用を禁止するのが技術上難しいということであれば、球の反発力の上限を規制すればよいだけのことだ。ラケットの上に一定の高さから球を落として、跳ね上がる高さを測定すればよい。

しかし、日本がいくら禁止を提案しても、日本以外のほとんどすべての国が、毎回反対する。そういった国の代表選手がブースターを常用しているからだ。

世界のトップ選手の8割以上がブースター使用者ともいわれている。

ブースターを黙認することによって、これまた球のスピードと回転が増し、サービスの決定率が増すわけだから、やはり国際卓球連盟がやっていることはまったく一貫していない。

日本代表は、こういった不合理とも戦わなくてはならないのだ。

もっとも、速い球、強い球を打つことだけが卓球ではない。屈強な身体の持ち主がパワープレーを挑めば勝てるのかといえば、そうではないのが卓球という競技だ。ブースターの使用によって球伸びがして、より遠くまで飛ぶのであれば、ネット際に短く落とす戦術は選択しづらくなる。通常より台をオーバーする打球も増えるだろう。それを見越したうえで、こちらは事前に戦術を準備すればよい。

ところが、ブースターが厳禁されて、世界のパワープレイヤーたちが、日本選手のような細やかなテクニックを身につけ出したらどうなるか。むしろ、そちらのほうが脅威である。

近年急成長したパワープレイヤーに、ナイジェリアのクアドリ・アルナ選手がいる。その恵まれた身体のバネから放たれるフォアハンドドライブの威力はすさまじい。リオオリンピックでは、ボル選手や台湾の荘智淵(そうちえん)選手らトップ選手を次々に撃破し、ベスト8に輝いた。

アルナ選手は、台上などの技術はまだまだ粗削り(あらけず)だが、パワーだけで強豪選手に打ち勝った。このような身体能力の高い選手がテクニックを身につければ、たいへんな難敵となるだろう。

その3　日本人が得意とする団結力

団体戦は第3試合がポイント

卓球競技は大きく分けると5種目がある。個人で戦う男女別のシングルス、ペアで戦う男女別のダブルス、男女がペアになる混合ダブルスである。

この他に、男女それぞれ3人が組になっておこなわれる団体戦がある。オリンピックでは、2008年の北京から男女ダブルスが廃止になり、この団体戦が採用されることになった。

オリンピックの団体戦は、5試合のうち、ダブルスが1つ入り、残り4試合がシングルスである。各国3人が選出され、ひとりの代表選手（この人がエース）が前半と後半で2つのシングルスを戦い、残った2人はシングルスとダブルスを1試合ずつ戦う構成となる。先に3勝したほうが勝ちである。

ポイントは第3試合に置かれるダブルスだろう。それまでの2試合を1勝1敗のイーブンで来れば、このダブルスを取った側が有利になる。2勝していれば、ここで勝負が決まる。

また世界選手権では、2001年の大阪大会まで個人戦と団体戦の全種目がおこなわれていたが、2003年パリ大会は個人戦のみ、2004年ドーハ（カタール）大会は団体戦というふうに分離され、それぞれ隔年で交互におこなわれることになった。

世界選手権の団体戦は、シングルス5本で構成される。3番手の選手が第3試合をつとめ、残りの2人が前半と後半で2試合ずつを戦う。

世界選手権の組み合わせは「ABC‐XYZ方式」と呼ばれ、「ABCAB」か「XYZYX」を選ぶことができる。3試合目までは同じで、第4試合と第5試合の順番が入れかわる。

ここでも勝負どころとなるのは第3試合だが、すると、この試合を担当する3番手の選手（CかZ）がキーパーソンになるだろう。

よく「男子は水谷選手と張本選手がいて、女子は石川選手と伊藤選手がいて、団体戦は相当やれそうですね」と声をかけていただくが、2人だけでは団体戦に勝つことはできない。団体は3人の総合力で戦うものだ。

その点、中国代表は、エースや2番手となんら遜色（そんしょく）のないレベルの3番手が入ってくる。完全な3人を揃えられるのは、男女とも中国だけだ。中国への挑戦権を得るには、強い3番手が必須である。

いずれにせよ、オリンピックと世界選手権の種目変更によって、団体戦の注目度はより高まったといってよいだろう。個人戦はあくまで個人の力によるものだが、団体戦の勝利は国家代表の総合力の結果ともいえなくはない。

それまでは、ひとりの選手がシングルス、ダブルス、団体戦を戦っていたが、これは負担が大きかった。世界選手権で団体戦が分離されたことで、それにかけるエネルギーを維持できるようになった。

そういうこともあってか、分離以後、団体戦の世界選手権は8回おこなわれたが、女子団体でシンガポール代表が優勝した２０１０年のモスクワ大会を除いて、中国代表は団体戦で負けていない。つまり、男子団体は無敗である。

オリンピックでも中国代表は、男女とも団体で無敗である。

２０２０年の東京オリンピックにおける、私たち日本代表のターゲットはずばり男女の団体だ。団体を取れれば、日本卓球の威勢を世界に示すことができる。

そして、そこから中国との本当の勝負が始まる。

ダブルスの組み合わせを考える

オリンピックの団体で１試合おこなわれるダブルスとはどういう競技なのか、簡単に見ておきたい。

ラケットスポーツは、卓球と同様、テニスやバドミントンにもダブルスがある。しかし、それらと卓球のダブルスが決定的に異なる点は、卓球の場合、２人の選手が交互に打たなければならないということだ。

たとえばバトミントンでは、ネット際の細かいさばきが得意な前陣の選手、後陣で強力なスマッシュをたたき込むのが得意な選手がペアを組んで、それぞれ前後のポジションを取って、それぞれの特徴を活かした試合運びができる。

ところが、卓球ではそうはいかない。2人が交互に打たないといけないから、どちらが前、どちらが後ろといった明確な分担もできない。

すると、2人の選手がともにパワーで攻めまくるような戦い方も、まったく可能性がないというわけではないが、なかなか難しい。「つなぐ」役割の選手と「決める」役割の選手に分担することが基本形となる。この攻守の連携が保てていれば、いったん崩れたときも、立て直しやすい。

ダブルスは、一般に異なる戦型（プレースタイル）の選手が組むのがよいとされる。ただし、トップ選手の場合は、高い次元で個々の戦い方ができあがっているので、「おたがいの長所を消し合わない」という視点から考えていくほうがよいだろう。

ひとつだけセオリーを挙げるなら、利き手の異なる選手を組ませるべきだ。

右利き同士、左利き同士だと、おたがいの身体が重なり合ってしまうのだが、右・左ペアだとそれが解消される。

利き手について中国男子団体を見ると、馬龍選手と樊振東選手が右利きなので、左利きの許昕選手がペアに回る。

しかし、これが女子団体になると、劉詩雯選手、朱雨玲選手、陳夢選手と右利きで、左利きは丁寧選手しかいない。次世代のエース、王曼昱選手も右利きである。東京オリンピックでは、おそらく唯一の左利き、丁寧選手がダブルスに回るだろう。中国女子は、まだまだベテランの丁寧選手に頼らなくてはならない。オリンピックの団体にダブルスがあることで、中国女子は大きな難題を抱えている。

一方の日本女子に目を移すと、伊藤選手と平野選手が右利き、石川選手と早田選手が左利き、カットの佐藤瞳(さとうひとみ)選手には、パートナーとしてカットの橋本帆乃香(はしもとほのか)選手がいて、たいへんバランスが取れている。

もうひとつ、「おたがいの身体が重なり合わない」という点で考えると、前陣を得意とする選手と中・後陣を得意とする選手の組み合わせも有効だ。

かつて、伊藤選手と平野選手の同年代コンビがダブルスを組み、「みうみまペア」としてメディアにおおいに取り上げられたが、このペアはその後に解消し、現在は、伊藤選手は早田選手と、平野選手は石川選手とペアを組んでいる。

するとー般の方から、「ここだけの話、やっぱり伊藤さんと平野選手は仲が悪くなってしまったのでコンビ解消したんですか」と質問されて、思わず苦笑してしまうわけだが、前述のセオリーを知っていれば、ペア変更の意味もすんなり理解できるだろう。

ようするに、伊藤-平野ペアは右-右の組み合わせとなり、ともにスピード系の前陣を得意とする選手でタイプも似ている。彼女たちが一段と高いレベルに進んだタイミングで、より適したパートナーと組んだだけのことである。

万が一、仲が悪かったとしても、それだけでペア解消となるなど考えられない。試合のときは一致団結し、互いの長所を引き出す。互いをライバルとして尊重し、戦うこともできるし、共闘することもできる。それがトップ選手というものだ。余談になるが、伊藤選手と平野選手は現在でも大の仲良しである。

オリンピックの代表3人をどう選ぶか

ダブルスの実力は、シングルスの実力だけでは測れない。1プラス1が2にも、3にもなるのが、ダブルスの妙味である。その一方で、互いの良さを殺し合い、1プラス1が2にもならないこともある。

したがって、たとえ相手が中国の主力選手ペアであっても、ダブルスは勝てる可能性は十分ある。

2017年デュッセルドルフの世界選手権では、男子ダブルスで、森園政崇-大島祐哉ペアが第2位、丹羽孝希-吉村真晴ペアが第3位、女子ダブルスで、伊藤-早田ペアが第3位を取っている。とくに森園-大島ペアが樊振東-許昕ペアに挑んだ決勝は、スコアこそ1-4だったが、内容は大接戦だった。

張本選手と木造勇人選手のペアにいたっては、ワールドツアーで樊振東-許昕ペアに2勝している。

東京オリンピックから団体戦のダブルスは第1試合におこなわれることが決まった。ここを取れれば、大きく流れをつかむことができる。

すると、メンバー選考には頭を悩ませられるかといえば、そこまで難しくはない。むしろ単純明快である。

まず代表３人のうち、２人までは世界ランキングの上位から２人を選ぶ。そして３番目は、その２人のどちらかとダブルスが組める人だ。上位２人がともに右利きなら、左利きで最上位の人を選ぶし、上位２人が左利きなら、次は右利きで最上位の人を選ぶ。上位２人の利き手が左右に割れていれば、ランキング３番手の人を選ぶ。

もうひとつ、私たちは、「カットマンと攻撃マン（ドライブを得意とする攻撃型の選手）はダブルスを組ませられない」という考え方を持っているので、上位２人のうちひとりがカットマンであれば、３人目はカットマンである可能性が高い。上位２人が攻撃マンであれば、３人目も攻撃マンである可能性が高い。

このように、ある程度は機械的に選んでいかないと、不公平が生じる。誰しもオリンピックの舞台、しかも日本開催の大舞台に立ちたい。「この選手はおもしろそうだから、ランキングは低いけど一度大舞台で試してみたいな」、「あの選手は最近気合が入っていないから代表失格だ」といった主観的な思い込みで決められるわけがないのである。

現在の世界ランキング（2018年8月時点）だけで見れば、男子は張本選手（右利き）が1番手。2番手を丹羽選手（左利き）と水谷選手（左利き）が争う形である。女子は石川選手（左利き）が1番手、伊藤選手（右利き）が2番手、平野選手（右利き）が3番手。

現段階で決めるということなら、利き手も左右がバラついているので、男女ともこの3人で決まりである。なんの波乱もない。

たとえば、現時点で張本選手とダブルスの相性がよい木造選手を選んではどうかという意見がある。彼らが樊振東‐許昕ペアに勝てば、ずいぶん有利になるのではないかという。

たしかに奇策ではある。樊振東‐許昕ペアには勝てるかもしれない。では、その前に対決する韓国のペアには勝てるのか。ドイツのペアには勝てるのか。木造選手はシングルスをもう1試合戦わなくてはならないが、どこまでやれるのか。

なにより、木造選手のランキングは何位なのか。

そうなると、このプランが現時点で可能性がかなり低いことがわかるだろう。

それに、張本選手のダブルスのベストパートナーが木造選手だというのも、現時点の話にすぎない。他の組み合わせをまだ試していない。たとえば、張本選手は右利きで前陣を得意とする選手、水谷選手は左利きで中・後陣を得意とする選手だが、まだこの2人の組み合わせを試していないのである。

ただし、代表を決めるのはまだ先の話だ。そのときに世界ランキングがどう移動しているかわからない。

世界ランキングは各試合の成績によってポイントが加算されるが、そのポイントは1年たてば消失する。つまり、たくさん試合に出て、ポイントを貯めていかないと、順位は維持できない。

当確と思われていた選手も、これからの1年間試合に出なければ資格を失う。それとは逆に、若い選手がどんどん試合に出てポイントを積んでいけば、逆転は十分に可能なのである。

オリンピックとは異なり、世界選手権の団体戦は5人の代表を選ぶことができる。

しかし、実際の試合に出られるのは、やはり3人である。残り2人はベンチに入り、サポートに回る。

いったんベンチに座ったら、「自分ならどう戦うか」は考えなくていい。ただひたすら仲間を信じて、精神的なバックアップにつとめるべきである。卓球台の前で追いつめられている仲間がいたら、その心を思いきり解放してやるくらいの声援が必要だ。

2018年のハルムスタッド（スウェーデン）大会の女子団体では、早田選手と当時15歳の長﨑美柚選手が、1点ごとに立ち上がり、声を出し、得点のたびにガッツポーズをして拍手を送っていた。

団体戦では、卓球台の前に立たない選手もいっしょに戦っているのである。この献身性、団結力が、日本人の長所なのだから、それを前面に押し出して、全員で戦うのが団体戦の醍醐味である。

4章　日本卓球を世界一にするために必要なこと

その1　もっと闘争心を養え

人生を左右するもの

私の育った環境について、少し触れておこう。

長崎県五島列島の最北端の宇久島というところで生まれた私は、小学校に上がるまでこの島で育ち、小学1年生からは長崎市の沖合に浮かぶ伊王島で過ごした（現在は橋でつながっている）。

卓球はおろか、スポーツには縁もゆかりもない幼少時であった。

私がはじめてラケットを握ったのは、中学1年生のときである。母校は長崎市内の淵中学校（福山雅治の出身校でもある）で、休み時間にクラスメイトたちが机を並べた上に本を立て、「ピンポーン」とやっていた。なにやら楽しそうだったので、「混ぜてくれ」と言うと、「卓球部じゃないからダメだ」と言われてしまう。どうしてもやりたかった私は、その日の放課後に早速卓球部に入部した。

1年生部員は40人もいた。それに対し、2、3年生が合わせて数人。

しかし、部に卓球台は1台しかないのだ。

そんな環境で1年生が台につけるはずもなく、ひたすら体育館の外で、素振り、ランニング、うさぎ跳びをさせられた。飛んできた球を打ち返す練習はやらせてもらえなかった。だから、卓球部の1年生は休み時間に教室の机でやっていたのだが、途中で脱落してしまうのである。

夏休みを乗り越え、2学期も部員として残っていたのは、私を含めてほんの数人になっていた。

私が部に残ったのは、ただ1回、本物の卓球台で打ってみたいとの思いがあったからだ。それを果たすまでは辞められなかった。こうして長い卓球人生は幕を開ける。

チームメイトに川崎健(かわさきけん)君がいた。彼の目標は、全国中学校卓球大会（全中）に出て、シングルスで優勝するという大それたものだった。彼はその目標のために365日、ただの1日も休まずに練習に取り組んだ。

全中の参加資格を与えられるのは、県内の団体戦で予選を勝ち抜いて優勝した1チームのみ。さらに当時のルールで、その優勝チームの中から2人だけがシングルスにも出場することができた。

その長崎県予選、団体で私たち淵中学校は敗退した。川崎君は1勝をもぎ取ったのであるが、私を含めた彼以外の選手は負けてしまった。

川崎君はあまりの悔しさにその場でラケットをたたき割り、人目もはばからずに号泣した。私たちが負けてしまったために、その時点で川崎君がシングルスで全国大会に出るという夢も絶たれたのである。

彼の真摯（しんし）な思いに心を打たれ、自分のふがいなさに申し訳ない気持ちでいっぱいになった私は、翌日から猛特訓を始めた。ふつうの中学生は、全中予選が終わった者から高校受験モードに切りかえていくものだが、私はそのときはじめて真剣に卓球と向き合うこととなった。

7キロのランニングを毎日朝と夜に2回、来る日も来る日も走り続けた。目の前に大会があるわけでもないのに、練習を止めることができなかった。

その様子を見ていたのが、当時鎮西(ちんぜい)学院高校の卓球部顧問をつとめておられた川﨑奈賀子(ながこ)先生だった。そう、あの川﨑健君のお母さんである。毎日ひた向きに取り組む中学3年生の私に対し、「本気で卓球をやりたいんだったら、鎮西学院高校に特待生として入学させてあげる」と言ってくれたのだ。ふたつ返事で受けた。

宮﨑家は貧しかった。私は5人兄弟の末っ子だが、上の4人は中学卒業後すぐに働きに出ている。高校に進むことなどまったく考えていなかった私にとって、思ってもみない話である。人生が卓球というものによって切り開かれていくように感じられた、そんな瞬間だった。

長崎市の自宅から往復3時間をかけて諫早(いさはや)市にある鎮西学院高校へ通う日々が始まった。入学当初の卓球部に1年生の同級生はおらず、私ひとりだけ。2年生は2人いたが、そのうちのひとりはめったに顔を出さなかった。3年生はすぐに引退したので、ひたすら、そのひとりしかいない2年生の先輩と練習した。その先輩が来ない日は女子部員と練習しなければならなかった。

団体戦に出場するためには5人いないといけないので、のちに同級生2人を勧誘したが、その2人がなかなか練習に来なかったのは言うまでもない。
また、顧問である川﨑先生はというと、部活が始まったら顔を出し、1時間すると帰られた。

当時はインターネットもなかったし、教本も普及していなかったので、何をやるにも、自分自身の頭を使って考え出さねばならなかった。歩きながら素振りをし、授業を聞きながらテニスボールを使って握力を鍛えた。お風呂に入っている間も浴槽の中で手首を振って鍛え、寝る前には床に汗が100滴落ちるまで素振りをくりかえした。

あてもない努力を続けることができたのは、川﨑君のお父さん、健弘（たけひろ）さんのおかげである。つまり奈賀子先生の旦那さんだ。よくお家にお邪魔して晩御飯を食べさせてもらったが、そのときに健弘さんがいろいろな話をしてくださった。

昔は卓球選手だった彼がしたのは、「卓球がうまくなるためには」という身近な話ではなく、「世界で勝つためには」というスケールの大きな話である。その話に触発（しょくはつ）されて、私はグローバルな視点を持ち、高い意識が芽生えた。情報のまったくない地方にいながら、「世界一になってみたい」と大きな夢を見ることができたのである。

子供たちにとって、必ずしも手取り足取りの懇切丁寧な指導を受けることがよいとは限らない。ひとつの枠にはめられることで、自立心や創意工夫の成長が妨げられることもある。その一方で、大きな夢を持つことのすばらしさを知るのは、やはり尊敬する大人たちの影響であることが多い。結果として私はいい指導者の方たちに恵まれた。

鎮西学院高校1年生の私は、長崎県チャンピオンになった。その評判もあってか、私が2年に上がると、新入部員が5人入ってきた。自信をつけて練習に打ち込んだ私は、2年生で九州チャンピオンになった。3年に上がると、新入部員が10人も入ってきた。合計16人となかなか来ない同級生2人を合わせて18人のメンバーでインターハイ予選を優勝し、鎮西学院高校卓球部の歴史ではじめて全国大会への出場を果たした。

今では、長崎県で鎮西といえば、押しも押されもせぬ卓球の名門校となった。その第一歩をつくったのが、私が3年生のときのチームなのである。

個人の技術では測ることのできない力

ハルムスタッドでおこなわれた2018年の世界選手権、女子団体で準決勝直前に韓国と北朝鮮が合体、とつぜん誕生した統一コリアチームを日本女子は3-0でみごと打ち破り、銀メダルを取った。

その快挙に国民の関心が奪われた結果、男子団体の敗退はそれほど着目されなかったが、非常に残念な結果だった。

もし、野球やサッカーで同じような負け方をしたら、それこそメディアで、インターネットで、激しい批判を浴びるにちがいない。

まだまだ卓球は真の人気スポーツではない、国民的関心事ではないのだと痛感させられた。私たちは、大多数の国民の注目にさらされ、もっとピリピリとした緊張感の中で戦えるようにならないと成長できない。それには常勝集団になって世界で追われる立場になるしかない。

韓国選手は日本相手となると、目の色が変わったように闘争心をむき出しにし、驚異的な集中力を見せる。せっかく「打倒中国」をかかげて日々研究と練習を積んでいても、中国と戦う手前で敗退してしまったのでは、なんの意味もない。

女子代表はそのことがよくわかっていて、「統一コリア」で士気が上がっている相手にストレートで勝利したが、男子代表は韓国の勢いを止められなかった。

その後のミーティングで私は男子監督、コーチに伝えた。

「以前と比べ、最近は規律もゆるくなっている。時代が変わったからといえばそれまでかもしれない。しかし、世界選手権でメダルを逃したことは、何かの警告と考えるべきだろう。もう一度、気を引き締めてやり直そう」と。

韓国男子選手は大舞台に強い。彼らが置かれた立場で日本男子選手と大きく異なるものは、徴兵制度の存在だろう。兵役につけば、肉体的、精神的にハードな鍛錬を積み上げ、ひと回りも、ふた回りも成長して帰ってくる。壁に当たっている選手であれば、己を見つめ直してリセットする絶好の機会になるだろう。

しかし、兵役はただつらいだけでなく、選手としてピークにある20歳代の2年間を捧げなくてはならない。プロ選手として多額の給与や契約料を手にする人も、その2年間は兵役に支払われるわずか2万円前後の月給しか受け取れない。兵役を残す選手は、海外チームやスポンサーから契約を渋られることもある。

しかも、自分が兵役に入った瞬間、今まで二人三脚でやってきてくれた専属のトレーナーは職を失う。マネジメントをしていた親兄弟は収入を失う。自分だけの問題ではないのである。

例外として、オリンピックのメダリスト、アジア大会（アジア選手権）の金メダリストは兵役義務を免除される。だから、これら大会に臨む韓国男子選手は必死だ。マイナスの動機づけかもしれないが、実はこういった外部要因が大きな力を生み出す。

普段はあまりワールドツアーへの出場のない北朝鮮の選手が、ここぞという大舞台で爆発的な力を発揮するのもまた、国を背負って戦っているのと同時に、勝利によって豊かに暮らせる未来が担保されているのだろう。自分だけでなく、親兄弟もその勝利の恩恵にあずかることができる。

戦後の日本は、「なにくそ」という心で立ち上がってきた。

日本卓球の第1次黄金期は、そういった不屈の精神を持つ選手たちによってつくられた。「欧米の選手たちに負けるな」という心意気が、相手選手との技術の差を埋めていった。

思えば私が中・高の時代、卓球に打ち込めたのも、決して「きれいごと」の動機だけからではなかった。

まず私の心に火をつけたのは、川﨑君の涙である。

次は、進学が大きな動機となった。卓球をやることで私は高校に行くことができた。卓球をやらなければ私は高校教育すら受けることができなかったかもしれない。

そして高校では、自分の活躍によって部員が増えていき、チームが強くなっていくのを目の当たりにした。それがうれしくて、チームのためにもっと強くなろうという気持ちが芽生えていった。

家族のため、師のため、仲間のため、国のため、なんでもいい。自分以外に背負うもの、勝利への渇望の動機を持っている選手は強い。

「ただ目の前の試合に勝つ」といえば、カッコいいのかもしれない。

また、「一度も勝てない相手を倒したい」、「自分の弱さに勝ちたい」、「勝利へのプライド」などと、勝負に臨むときの動機はいろいろと美しく語られてはいるが、本当の勝負はもっと感情をむき出しにして戦うべきものではないだろうか。

「○○だけには絶対に負けるものか！」

それくらいでいいのである。

あえてクールに、あえて冷静にやろうとしすぎていると、負けても技術的な反省しか出てこない。「今度はもっとうまくやろう」、「ミスを減らそう」と考えてしまう。そうではない。負けたこと自体にもっと怒りをぶつけるべきだ。

人前で号泣してラケットを壊した川﨑健君のように勝利への執念を見せなくてはならない。相手選手はその執念の強さに気圧（けお）されるのだ。

プロリーグのあり方

２０１８年10月、日本初の卓球プロリーグ、Ｔリーグが開幕する。初年度は男女とも４チームずつの参加が決まっている。

「これで日本卓球はますます強くなりますね」

多くの方がそういって前向きな評価をしてくださる。

卓球に注目が集まるのはよいことだが、それと日本代表の底上げとはまったく次元の異なる問題だということを、ここで述べておきたい。

いや、ひとつ間違えると、代表の強化に悪い影響をおよぼす可能性すらある。

考えてもみれば、世界で卓球人口の多い国には、ほとんどプロリーグがある。中国、ドイツだけが知られているが、ヨーロッパでは、プロリーグはあるし、ヨーロッパ以外では、プロリーグのない国を探すほうが難しい。ブルガリアやポーランドにもプロリーグはある。

近年、インドリーグやイランリーグはできたばかりである。

そして、ロシアリーグは賞金や契約金がドイツ・ブンデスリーガよりも高いということも、日本ではあまり知られていない。また、世界大会では上位の選手がいないフランスのリーグも隆盛である。

その一方で、世界第2位の卓球強国・日本にはプロリーグがなかった。どういうことかというと、その国に人気のプロリーグがあるからといって、国家代表が強くなるわけではないということだ。

実際に、ヨーロッパ各国のプロリーグには、「賞金を稼ぐこと」が第一の目的だという選手が多くおり、そういう人は、世界大会で国の名誉をかけて戦うことに重きを置いていない。技術や経験があっても、それだけでは勝てないのが、世界という舞台であるし、チームのファンがそれを求めていないというのもあるだろう。「プロリーグ=代表強化」という図式は、まったく見当違いなのである。

Tリーグの設立目的も、日本代表の国際競争力を上げることではないのは明らかだ。

それは、国内での卓球のステータスを上げるためであり、より多くの選手や指導者に活躍の場を与えるためにつくられた。人気リーグになれば、国内の卓球でメシを食える人が増えるだろう。「卓球の普及発展」にとってはとても喜ばしいことであるが、それがイコール国際競争力を上げることにはならないのである。

サッカーのプロリーグ、Ｊリーグの設立を例として考えてみよう。

Ｊリーグができたとき、「これで日本サッカーは世界で戦えるようになる」と誰もが期待した。たしかにＪリーグができてから、日本代表はワールドカップの常連国になっている。しかし一概に、Ｊリーグができた結果、代表が強化されたとは言いがたい。

まずＪリーグ開幕前のアジア地域のワールドカップ出場枠はわずか2カ国だったが、現在は4・5カ国もある。出場のハードルそのものがグンと下がっている。

次に、２０１８年ワールドカップで初戦のピッチに立った11人のうち、Ｊリーガーはたったのひとりだった。つまり、海外クラブに在籍している日本人選手で、日本代表は構成されており、国内で大活躍しているＪリーガーの多くは23人の最終登録メンバーにも入らなかった。

日本代表のＦＩＦＡランキングは２０１８年8月時点で55位だが、Ｊリーグが開幕した２０１３年当時の順位は34位だった。

このように見ると、サッカー日本代表はＪリーグができたことで強くなったとは言えないのではないか。

ただ、ひとつメリットをあげるなら、プロリーグができたことで、サッカー競技人口が大きく増えた。これは裾野（すその）が広がるという意味でも、とてもよいことだ。するど、将来スポーツで食べていくと決めた少年が、野球や柔道ではなくてサッカーを選ぶようになった。海外の情報にも目を向けるようになり、日本を出て活躍する日本人選手もまた増える、という構図になるだろう。

国内のみでやっていくことを前提としているようでは、やはりダメなのだ。少しばかり技術を磨くことより、海外で人間力を鍛えておくほうが、ここぞという舞台ではものをいう。

中国の超級リーグは、２０１７／２０１８シーズンから外国人選手の排除を決めている。外国人選手にプロとして戦う場所を提供していたが、外国人選手の実力が上がり、世界大会の勝利を奪われかねないと懸念（けねん）してのことだろう。

自国開催のアジア選手権で平野選手に３選手も負かされたことが、よほどプライドを傷つけたにちがいない。平野選手は、２０１６／２０１７シーズンは内モンゴル自治区を本拠地とするオルドス1980の選手として超級リーグに参加していた。次のシーズンも継続する予定だったが反故にされてしまった。

表向きは「外国人選手に支払えるほどの資金がないから」という理由だったが、すでにノーギャラでもいいという話をしていたはずだ。平野選手（そして日本選手）に手の内を見せたくないという国の方針が打ち出されたのだろう。

この決定は「卓球王国の終焉の始まり」になる可能性もある。

中国のファンたちは、中国人選手が外国人選手を倒すことで盛り上がる。しかし外国人が参戦していなければ、試合も盛り上がらず、観客は減っていく。観客が減れば収益が減るから、選手の報酬も減る。そうして国内リーグが衰退し、そのまま国家代表に影響しかねない。

そのうち海外リーグに飛び出す主力選手も出てくるのではないか。

一方のTリーグはオープンである。1試合4人が出場するが、4人のうち3人までの外国人選手登録を認めている。というわけで、東アジアのトップクラスが参戦する。

男子では、韓国のイ・サンス選手（李尚洙、世界ランキング8位）、チョン・ヨンシク選手（鄭栄植、世界ランキング26位）、香港の黄鎮廷選手（世界ランキング10位）、台湾の荘智淵選手（世界ランキング14位）、陳建安選手（世界ランキング30位）など。

女子では、台湾の鄭怡静選手（世界ランキング8位）、陳思羽選手（世界ランキング26位）、韓国のソ・ヒョウオン選手（徐孝元、世界ランキング12位）など。

ランキング上位ではない中国人選手も何人か参加するようだが、将来は中国代表選手が参加するかもしれない。そうなるためにも、日本はもっと強くならなくてはならない。

そうして4人のうち3人までが世界トップランカーで埋まり、残り1枠を日本人選手が争うようになればおもしろい。日本人選手が必死に戦う姿が、ファンたちの共感を得るだろう。

そのとき、Tリーグが超級リーグに取って代わるかもしれないし、「私も卓球選手になりたい」と思う子供たちがもっと増えるにちがいない。

男子では、水谷選手、張本選手、丹羽選手、松平健太選手、吉村真晴選手、上田

仁選手、大島祐哉選手、森薗政崇選手……と、上位ランカーが参戦しているが、真価が問われるのは今後の世界選手権、オリンピックの結果次第だ。

勝てる日本代表をつくったドイツ武者修行

私が2001年に男子代表監督になったとき、マリオ・アミズィッチというクロアチア人コーチがいた。

マリオは高体連（全国高校体育連盟）に雇われて、日本に2週間ほど来ると、40〜50人の子供を指導し、終わればドイツへ帰り、また数カ月後に2週間滞在する。この方式で1年のうち3カ月ほどを日本で過ごしていた。

それが2年くらい続いたとき、マリオが私のもとへ来て、こう言った。

「この方式では日本人を強くすることができない。私は向こうに戻るから、宮﨑さんがこの子だと思う選手を何人かドイツに送ってくれ」

マリオの雇い主である高体連は、各校の先生たちの集まりだ。みな、自分が所属する学校の生徒を強くしてほしい。とはいえ、指導が特定の選手に集中すると不満が出る。分け隔てなく全員を強くするのが高体連の基本的な考えなので、どうしても広くて薄い指導になる。

そこで私は高体連に頼み込み、マリオとの契約を打ち切って日本卓球協会が雇えるようにしてもらった。幸い理解を得られ、第1号として坂本竜介さん（現在、TリーグのT・T彩たま監督）と岸川聖也選手の2人をマリオのもとに送った。

彼らは現地で強豪のボルシアデュッセルドルフというチームで練習することとなった。デュッセルドルフの主力として、ドイツ1部リーグで優勝する実力を持っており、今もなお世界トップクラスにあるティモ・ボル選手が所属し、活躍していた。

まだキャリアの少ない岸川選手らは、ボル選手とは練習させてもらえなかったが、それでも3部リーグの試合への出場機会を与えられた。3部といえども、プロ選手としてやっている人たちとともに練習ができ、ともに生活ができる。これは日本にいては、決して得ることのできない貴重な経験だ。

たしかに、練習時間は日本にいたころよりも減ったかもしれない。ヨーロッパ外の異国から来た若い選手が練習の場と時間を自由に与えられるはずもない。

自分から強くアピールしていかなければ、たとえ永遠に練習しなくても、誰も「練習しろ」とは言ってくれない。

自分のことを決められるのは自分しかいない。

それがかえって、1球1球に込める思いを強くする。

練習に必要なのは、量ではなく、質だ。

日本では卓球漬けの毎日が当たり前で、ドイツに来てはじめて、練習ができる喜びを知るようになる。与えられていたものが、奪い取らなくてはならないものになる。

これほどの人間力の進歩はない。

水谷選手は幼少期からラケットを握り、小学生のとき、全日本選手権のバンビ、カブ、ホープスと優勝を重ねて、数々の記録を打ち立ててきた。

しかし、進学した地元静岡県の公立中学校は、卓球部こそあったものの、彼が思うような高いレベルで切磋琢磨できる環境ではなかった。全国レベルで見たとき、彼は次第に同年代のライバルたちに抜かれていった。

その年の秋、ご両親から私に相談があった。

「隼がつぶれてしまいます。どうしたらいいのでしょうか」

練習をしろと言っても反抗してやらない。家にこもってゲームばかりやっている。当然、試合に出ても勝てなくなった。このままでは卓球を辞めるかもしれない。当時の水谷選手は、すでにそこまで来ていた。

私は自律心を鍛え直すしかないと、ドイツ行きを進めた。

しかし、通っていた中学校が公立だったので、休ませることはできない。「ならば私立に転校させましょう」と、私が受け入れ先の交渉を買って出ることになった。

真っ先に電話したのは、岸川選手が通う仙台育英中学校である。彼の前例があるので受け入れてくれるだろうと甘く考えていたが、「卓球部は近い将来の廃部を考えているので応じられない」との回答だった。

その後、十数校に断られ、ようやく受け入れが決まった。それが青森山田（あおもりやまだ）中学校だった。「学生は学業が優先」ではあるが、ひとりの少年の人生を考えたときに、選択肢はひとつだった。

水谷選手は中学2年生でドイツへ旅立った。しばらくして私と会ったときに彼が口にした言葉を忘れることができない。

「僕は親を捨て、友だちも捨て、すべてを捨ててドイツに来ました。なのに、卓球で成功できなかったら、僕の人生は終わります。練習のときの1球が僕の人生を左右するかと思うと、1球たりとも疎（おろそ）かにはできません。」

これが13歳の少年の覚悟である。

ちょっとのことでは驚かない私も、さすがに身震（みぶる）いした。

そして彼は復活を遂（と）げた。15歳10カ月のとき、当時史上最年少で世界選手権の日本男子代表に選ばれた。また、17歳7カ月のときには、当時史上最年少で全日本選手権の男子シングルス優勝を果たした（ちなみに、いずれの最年少記録も張本選手が破っている）。

水谷選手と岸川選手は、ともにドイツでの武者修行によって、自分の得意な技術をうんと伸ばして戻ってきた。

水谷選手は中〜後陣、岸川選手は前陣両ハンド。

よく完璧を求めるために、苦手な部分の指導をしっかりとやるべきという意見を耳にすることがあるが、それでは若い選手は「おもしろくない」と感じ、積極的に卓球に取り組めず、結果的に伸びなくなってしまう。後陣が得意な水谷選手に「前で戦え」と言っても、苦手なものは楽しくない。岸川選手に「フォアで回り込め」と言ってもつまらないだろう。苦手は選手の意志によってのみ克服できる。

2009年、横浜の世界選手権で、水谷選手と岸川選手はダブルスを組んで世界に挑んだ。土壇場（どたんば）での誤審にも心をくじかれることなく銅メダルを取ったことは、すでに述べたとおりである。このときに2人が見せた強靭（きょうじん）な精神力は、ドイツの武者修行でつちかわれたものだと思っている。

そういった経験もあるから、国内にプロリーグができて、日本人選手の大半がそこを主戦場にしてしまったら、平和な国の若い選手たちは自立心を養うことができるのか、それが心配の種である。

その2　東京オリンピックがスタートライン

背が低くて、足の遅い子が強くなる

3〜4歳の福原選手が泣きながらラケットを振っている映像を見て、「これくらいからやらないと、卓球は強くならないのか」と思う方も多いだろう。

ただ、個人的な話をすると、私が卓球をやっていきたいと最初に思ったのは中学3年生のときであり、中・高6年間で専門的な指導も受けなかった。通学に往復3時間をかけていたので、気持ちだけは満ち溢(あふ)れていたが、正味の練習時間は毎日2時間程度だった。それでも、インターハイに出られたし、オリンピック代表にもなった。

「それは昔の話で、今は違うんじゃないか」と言われるかもしれないが、私はこの先も、中学生になってはじめてラケットを握り、日本代表選手になる人が出てくる可能性があると信じている。卓球とはそういうスポーツなのだ。

12歳までに敏捷性のピークをつくるというエリート教育の話をしたが、これはピッチで戦う選手の養成法である。いわば卓球の戦い方の一面でしかない。パワーで戦うタイプの選手はこの限りではない。

卓球は、いかに必死になってやれたかが問われる競技である。

高い運動能力があって、幼少時から長い練習時間を経験した子であっても、「よし、何としても卓球を頑張るぞ」と一念発起(いちねんほっき)をし、強い自負心と気迫を持ち、自分の頭でしっかりと考えながらやってきた子には追い抜かれる可能性がある。そういう競技なのだ。

つまり、個人の努力と工夫しだいで、いかようにもなる。

身体のハンデキャップが大きく関係しないのも卓球の大きな特徴だ。

ポーランドのナタリア・パルティカ選手は、右手のひじから先がない。彼女はパラリンピック卓球の世界チャンピオンだが、健常者の大会にも出場しており、なんとナショナルチャンピオンである。リオオリンピックの団体にも出場している。

中国の鄧亜萍選手は、身長が１４０センチ台だが、バルセロナオリンピックとアトランタオリンピックの2大会シングルスで金メダルを取った。バックハンド面に粒高ラバーを貼り、独自の変則プレーで知られた世界チャンピオンである。

なぜこんなことが可能なのかというと、卓球が用具をあつかう競技であり、その用具のあつかい方の占める割合がたいへん大きいからである。そして、身体能力よりも、頭脳プレーが問われる競技だからだ。

50人の子供たちに「よーいどん」と徒競走をしたときに、まじめに走っているのに、いちばん遅れてゴールする子が、いちばん早い卓球を身につける可能性がある。足が遅くて、左右に動けないから、ぴったり卓球台について早いプレーができるようになる。大人が教えなくても、頭のいい子はこれを自分で工夫してやれる。どうやれば、自分でも勝てるかを考えて、その戦術に行き着く。

身体能力が高い子は、まず動いてしまう。すると、左右に振り回されて体力を消耗し、そのうち追いつけなくなる。「なぜ追いつけないか」にとらわれてしまい、「どうやれば球を前に返せるか」が考えられない。

だから、身体能力に関係なく、頭を使うことが好きで、スポーツもやってみたいという子がいたら、ぜひ卓球をやらせるべきである。

2020年以後の日本卓球ビジョン

2020年の東京オリンピックは、今活躍している年長の選手にとってキャリアの集大成となるだろう。伸び盛りの若手選手を抑えて、出場を勝ち取ってほしい。

この東京オリンピックは、これまでの日本卓球史上において、もっとも国民の注目を浴びる大舞台となるにちがいない。

10年前までは卓球をやっている人しか注目していなかった。

福原選手が登場してからはメディアが取り上げてくれるようになった。

水谷選手や石川選手が出てきてからは、スポーツ好きの大人がテレビ中継を見てくれるようになった。

伊藤選手や張本選手の出現で、一般の方が気にとめてくれるようになった。

そして、2020年の大舞台は、日本中で10万人、100万人の子供たちがテレビ中継に釘づけになるのである。

私たちは、男女シングルス、男女団体、そして混合ダブルスのうち、最低1つの金メダルを取ることをノルマにしている。

もちろん、たくさん取れればそれに越したことはないが、1つでも金を取れたら、大きく流れが変わる。決勝戦で最高本気モードの中国選手に勝てたら、その瞬間に日本卓球の新時代が幕開けする。

つまり、日本人金メダリストの姿を目の当たりにした子供たちが、「僕も卓球がやりたい」と夢を持つだろう。

これまで卓球を一度も見たこともない、まわりに卓球をやっている人がひとりもいない、スポーツなんて興味がなかった、そういう子供たちの中から、「卓球をやりたい」という子が出てくる。これ以上の強化策はないと思う。

だから、銀ではダメなのだ。今までどおり、関係者たちやスポーツ好きの大人たちからの「頑張ったね」で終わってしまう。もちろん、それもたいへんありがたいことだが、強化としては、またイチからやり直しである。

オリンピックで金メダルを取った選手たちは世界チャンピオンだが、それでまだ日本卓球がチャンピオンになったわけではない。逆襲してくるだろう中国選手たちをさらに返り討ちにしてからが本当の勝負である。

そして、中国選手や中国卓球ファンの誰もが認め、あこがれを抱くような、日本人の世界チャンピオンをいつの日か出さなくてはならない。

今、街の卓球場はどこも利用者でいっぱいだと聞く。日本全国の体育館の館長と話をさせてもらうと、卓球競技の時期だけ会場はいつも満員だそうだ。

これはまだ私個人の構想段階だが、オリンピックの翌年、2021年から全国の小学校に卓球台を無償で提供していきたいと考えている。

そして2035年には、全国民が「一度は卓球をやったことがある」、「ラケットを握ったことがある」という状況をつくりたい。

2040年には、学校体育の科目の選択肢に卓球を加えてもらう。

ここまでやれば、日本から将来の卓球世界チャンピオンが次々と輩出(はいしゅつ)される環境が整うだろう。

東京オリンピックは日本卓球の夢を開くスタートラインとなるのだ。

切りとり線

★読者のみなさまにお願い

この本をお読みになって、どんな感想をお持ちでしょうか。祥伝社のホームページから書評をお送りいただけたら、ありがたく存じます。今後の企画の参考にさせていただきます。また、次ページの原稿用紙を切り取り、左記まで郵送していただいても結構です。

お寄せいただいた書評は、ご了解のうえ新聞・雑誌などを通じて紹介させていただくこともあります。採用の場合は、特製図書カードを差しあげます。

なお、ご記入いただいたお名前、ご住所、ご連絡先等は、書評紹介の事前了解、謝礼のお届け以外の目的で利用することはありません。また、それらの情報を6カ月を越えて保管することもありません。

〒101-8701（お手紙は郵便番号だけで届きます）
祥伝社新書編集部
電話03（3265）2310
祥伝社ホームページ　http://www.shodensha.co.jp/bookreview/

★本書の購入動機（新聞名か雑誌名、あるいは○をつけてください）

＿＿＿＿新聞の広告を見て	＿＿＿＿誌の広告を見て	＿＿＿＿新聞の書評を見て	＿＿＿＿誌の書評を見て	書店で見かけて	知人のすすめで

★100字書評……日本卓球は中国に打ち勝つ

名前

住所

年齢

職業

宮﨑義仁　みやざき・よしひと

1959年、長崎県生まれ。日本卓球協会常務理事、強化本部長。前ＪＯＣエリートアカデミー総監督。前男子日本代表（ナショナルチーム）監督。元日本代表選手。近畿大学商経学部卒。鎮西学院高校卓球部が長崎県内屈指の名門となったのは、在学中の著者の貢献によるところが大きい。2001年、男子日本代表監督に就任してからは、代表選手の底上げのため、ジュニア世代からの一貫指導・育成に取り組み、現在に至る。テレビ中継のわかりやすい解説が評判。

日本卓球は中国に打ち勝つ（にほんたっきゅうはちゅうごくにうちかつ）

宮﨑義仁（みやざきよしひと）

2018年10月10日　初版第１刷発行

発行者……………辻 浩明
発行所……………祥伝社（しょうでんしゃ）
〒101-8701　東京都千代田区神田神保町3-3
電話　03(3265)2081(販売部)
電話　03(3265)2310(編集部)
電話　03(3265)3622(業務部)
ホームページ　http://www.shodensha.co.jp/

装丁者……………盛川和洋
印刷所……………堀内印刷
製本所……………ナショナル製本

Printed in Japan ISBN978-4-396-11549-4 C0275

〈祥伝社新書〉
教育・受験

360
なぜ受験勉強は人生に役立つのか
教育学者と中学受験のプロによる白熱の対論。頭のいい子の育て方ほか
明治大学教授 齋藤　孝
家庭教師 西村則康（のりやす）

433
なぜ、中高一貫校で子どもは伸びるのか
開成学園の実践例を織り交ぜながら、勉強法、進路選択、親の役割などを言及
開成中学校・高校校長 東京大学名誉教授 柳沢幸雄

489
教育費破産
大学生の2人に1人が奨学金だのみの現状。高騰する教育費にどう立ち向かうか？
安田賢治

495
なぜ、東大生の3人に1人が公文式なのか？
世界でもっとも有名な学習教室の強さの秘密と意外な弱点とは？
育児・教育ジャーナリスト おおたとしまさ

519
日比谷高校の奇跡 堕ちた名門校はなぜ復活し、何を教えているのか
公立高校一位の東大合格者急増を成し遂げた理由がここに！
日比谷高校校長 武内　彰

〈祥伝社新書〉
語学の学習法

312
一生モノの英語勉強法
「理系的」学習システムのすすめ
京大人気教授とカリスマ予備校教師が教える、必ず英語ができるようになる方法
京都大学教授 鎌田浩毅
研伸館講師 吉田明宏

405
一生モノの英語練習帳
最大効率で成果が上がる
短期間で英語力を上げるための実践的アプローチとは？　練習問題を通して解説
鎌田浩毅
吉田明宏

331
7カ国語をモノにした人の勉強法
言葉のしくみがわかれば、語学は上達する。語学学習のヒントが満載
慶應義塾大学講師 橋本陽介

426
使える語学力
7カ国語をモノにした実践法
古い学習法を否定。語学の達人が実践した学習法を初公開！
橋本陽介

383
名演説で学ぶ英語
リンカーン、サッチャー、ジョブズ……格調高い英語を取り入れよう
青山学院大学准教授 米山明日香

〈祥伝社新書〉
スポーツ・ノンフィクションの傑作

132
ゼロからのフルマラソン
ウォーキングから始めて、完走できるまで。今までにない超入門書
「24時間テレビ」マラソントレーナー
坂本雄次

234
9回裏無死1塁でバントはするな
ヒットエンドランは得点確率を高めるか、など統計学的分析で明らかにする
東海大学理学部准教授
鳥越規央(とりごえのりお)

354
組織(チーム)で生き残る選手 消える選手
なぜ無名選手が39歳までJリーグでプレーできたのか。その理由を開陳する
元・Jリーガー
吉田康弘

363
日本人は100メートル9秒台で走れるか
科学で足は速くなる! バイオメカニクスが解明した「理想の走り」とは
東京大学教授
深代千之(ふかしろせんし)

412
逆転のメソッド
箱根駅伝も
ビジネスも一緒です
箱根駅伝連覇! ビジネスでの営業手法を応用したその指導法を紹介
青山学院大学陸上競技部監督
原 晋(すすむ)